厦门社科丛书·鼓浪屿历史文化系列

厦门市委宣传部　厦门市社科联　编

Gulangyu Lishi Wenhua Xilie

林丹娅　著

厦门大学出版社

XIAMEN UNIVERSITY PRESS

日光岩南麓建筑风貌

鼓浪屿建筑

林丹娅 著

诗意三角梅

晨曦中的漳州路

鹭江两岸的厦鼓风光

鼓浪屿建筑

林丹娅　著

平常日子不平常的建筑

海坛路墙根下的老井

清凉的盛夏

鼓浪屿建筑

林丹娅 著

花木石山小亭，永远是中国人的庭园最爱。

中华路人家的别致廊窗

鼓浪屿建筑

林丹娅　著

小巷深处

李家庄的西洋生活

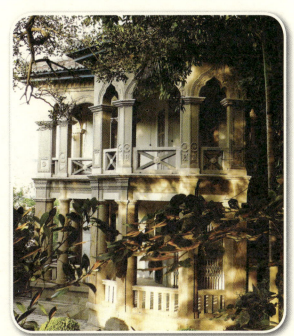

夕照瞰青

安海路上的植物与建筑

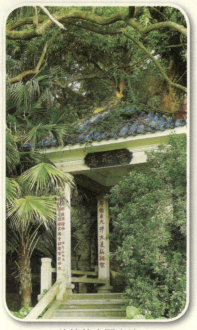

建筑的中国意境

透过金瓜顶可以看到西林别墅

杂花生树中的建筑

建筑时光

木棉花下鹿礁顶

总　序

"国民之魂，文以化之；国家之神，文以铸之。"文化是一个民族的根，一个民族的魂，是国家发展、民族振兴的重要支撑。当今时代，文化越来越成为民族凝聚力和创造力的重要源泉，越来越成为综合国力竞争的重要因素。

厦门是一个具有一定历史文化积淀的现代化港口风景旅游城市，物华天宝，人杰地灵，形成了瑰丽多姿的文化和丰富独特的文化遗产。鼓浪屿素有"海上花园"、"万国建筑博览"、"音乐之乡"，"钢琴之岛"之美誉，是国家级重点风景名胜区。在历史的发展过程中，近现代中西文化在这里汇聚融合，造就了一种既具有深厚的闽南文化传统，又具有浓厚西洋文化特色的文化形态和风格，是厦门独特的历史文化的浓缩和代表。

为进一步研究、保护、传承鼓浪屿历史文化，厦门市委宣传部、市社科联聘请了成长于鼓浪屿的福建省社科院原副院长、资深文史专家黄猷先生为总审稿人，联合组织专家学者精心策划、精心研究、精心编撰出版《厦门社科丛书——鼓浪屿历史文化系列》。丛书以史话、风光、建筑、音乐、宗教、原住民、公共租界、侨客、教育、学者等十个专题为主要内容，较客观准确地介绍了鼓浪屿历史文化和风土人情，充分展现了鼓浪屿深厚的文化底蕴和独特魅力，是一套系统研究鼓浪屿历史文化的史料读本和百科全书。相信《厦门社科丛书——鼓浪屿历史文化系列》的出版发行，对于传承、弘扬鼓浪屿历史文化和厦门特色文化，提升厦门市民的人文素质和城市文化软实力以及鼓浪屿申请世界非物质文化遗产都具有重要的意义和积极的作用。

中共厦门市委常委、宣传部长

2010 年 1 月

目录 建筑
CONTENTS

引言：鼓浪屿建筑概说

鼓浪屿，位于东经 118°03′—04′，北纬 24°26′—27′的亚热带地区，在中国版图的东南方，福建省厦门市的西南面。最高海拔为 92.68 米，面积为 1.78 平方公里。小岛四面环水，金沙如带，西接内陆九龙江，东以大担二担诸岛为屏临台湾海峡；南与太武山隔海相望，北倚 500 米左右的鹭江水道与厦门岛唇齿相依。

鼓浪屿的地理位置，决定其具有典型之亚热带海洋性季风气候。小岛上常年日照充足，水量充沛，冬无严寒，夏无酷暑，温暖湿润。而如此气候条件，又决定其独特的亚热带植被生态，植物种类极为丰富，从遮天蔽日的高大乔木到匝地成荫的灌木丛林，奇花异草，珍稀果品，长年常有，经年不断。

鼓浪屿的地质是由 1 亿多年前的燕山晚期中粒花岗岩所构成。花岗岩为酸性侵入岩，因地壳运动与风化剥蚀等原因可显露于地表之上。在漫长岁月中，岩体因风化而支离破碎，蚀化成泥。唯有那些最坚硬的岩核，才能经受住大自然最严酷的洗礼而依然坚挺，亦才使鼓浪屿拥有平地起峭壁，突兀飞来峰的奇特景观。而更让人啧啧称奇的是，鼓浪屿的植被似乎比磐石还要坚挺，千奇百怪的树木花草，如天外来客，见隙扎根，逢罅生长。

岩有多高,它们就长在多高;石有多峭,它们就长得多俏,近看是翠润点点,杂树生花;远观是青岚片片,染上云间。大自然的鬼斧神工,独钟神秀,把鼓浪屿雕塑成人工造景望尘莫及的纯天然景观。

如此地理位置,地形地貌,气候条件,物种植被,再衬之以碧海蓝天,日月星辰,成就了小小鼓浪屿,宛如伊人,在水中央,波光潋滟,旖旎无限的绝世美感。

一、鼓浪屿建筑因果

成就鼓浪屿名满天下的,还不仅仅只是它的自然风光。

在有宋之前,鼓浪屿还只是一个荒岛,只是邻近渔民海上暂避风浪的地角。相传,因时人见此岛边缘轮廓呈圆弧状,便随地起名"圆沙洲",俗称"圆洲仔"。据专家说法,今天鼓浪屿上燕尾山的前名为"洲仔尾山",应可作为"圆洲仔"古地名存在的一个根据。

到了宋元年间,圆洲仔周边大陆地区的人口与鱼耕生产都发展到一定水平,在九龙江口与厦门港内外诸岛屿之间的水域上,帆影点点,舟楫不断。说不清是在哪一天,邻近海沧嵩屿的李姓人家,角尾锦宅的黄姓人家,眼看着圆洲仔这么一处好地方还空芜着,便牵家带口陆续登岛定居,从此岛上人烟渐

鼓浪屿古地名:圆洲仔

鸦片战争后，厦门被辟为"五口通商"口岸之一。

稠，农事渔业，渐得开发。

又说不清是哪一天，岛民们发现本屿西南临海处，有一奇礁，礁岩中央已溶蚀成空，每每海风海浪海潮海涛阵阵袭来，便会发出击鼓之声，人便口口相传为"鼓浪石"。"鼓浪"一名不仅名出实据且诗意磅礴，此名便逐渐取代了早前随意粗陋的"圆洲仔"，而成为本岛雅名。日光岩上现存年代最早的石刻，是曾任泉州府同知的丁一中，于明代万历元年（1573年）手书的"鼓浪洞天"四字，距今已四百多年，镌刻了鼓浪屿的正名史。

1586年，日光岩上重新修建了鼓浪屿上最早的宗教建筑莲花庵。

1646年，明将郑成功为抗清与收复台湾计，屯

兵鼓浪屿，在日光岩上安营扎寨，操练水师，长达
4年，至今尚存水操台、石寨门、拂净泉等遗址。

自明、清以来，鼓浪屿尽管历经数番海禁，开
发受之影响，呈轮番式间歇性，但到鸦片战争爆发
前，亦已俨然发展为一个"在海中，长里许，上有
小山、田园、村舍，无所不备"（乾隆《鹭江志》）
的世外桃源。

1840年6月，鸦片战争爆发。1841年8月26
日英国舰队侵入厦门，攻占鼓浪屿，设炮台于鼓浪
屿山顶以控制厦鼓两岸。9月，英军大部队离开厦
门继续北上，但留下了三艘军舰及500名士兵在鼓
浪屿，一直驻扎至1845年才撤兵。

1842年8月，清政府以战败国身份，被迫与英
国签署了第一个不平等条约《南京条约》，厦门被划

厦门被辟为通商口岸后，鼓浪屿开始出现洋房。

为"五口通商"口岸之一，同时承认鼓浪屿仍由英国所踞，这使西方列强得以名正言顺地进驻厦门并从事各种活动。

鼓浪屿得天独厚的自然环境，成为西方人眼中的海上明珠，居住首选。凡进入厦门的外国人与外国机构，无不想在鼓浪屿上拥有一席之地。传教士、政客、商人、医生、教师、外交官等各行各业人等，纷至沓来，把鼓浪屿变成大清国的化外之地，安居天堂。他们在岛上建立领事馆，如前后设有英国、美国、法国、德国等13国领事馆；设立现代管理机构，如工部局、会审公堂、理船厅公所等；开办公司、企业、洋行，如大北电报公司、汇丰银行、德记洋行、和记洋行等；创办学校推行现代教育，如养元、福民、浔源、毓德、怀德、英华等中小学；创办现代医疗机构推行西医疗法，如救世、博爱，还有为妇女专设的威廉明娜等医院；建造宗教场所传播福音，如福音堂、天主堂、三一堂等……

可以想象，当弹丸之地的鼓浪屿，一下拥进这么多洋人洋机构时，伴随它们随风潜入的西方文化横扫鼓浪屿，已是事在必然，也是在所难免。在此大背景下，鼓浪屿不能不、也不得不迎来自身的蜕变。在此之前，鼓浪屿与中国其他地区的滨海岛屿也许没有太大的区别，一般都还处于鸡鸣狗吠、半耕半渔的传统社会结构、生产形态与文化观念之中。而自此之后，鼓浪屿便不能不笼罩于浓郁的西风洋雨下脱胎换骨。于是，在鼓浪屿中国式的风土上，开始滋长出完全不同于旧日时光的西洋景。

1903年，基于当时的鼓浪屿实际上已被西方列强割据盘踞的情况，"外国领事和本地地方官员们拟定和通过了一项土地章程与细则，并得到北京外国公使和中国政府的批准。……租界里的行政管理由一个称工部局的机构负责。"（厦门海关税务司W.R.MD.Parr《海关十年（1902—1911）报告书》），标明鼓浪屿进入"万国租界"时代。

1938 年 5 月，日本军队占领厦门。1941 年 12 月 8 日，日本军队偷袭珍珠港，太平洋战争全面爆发，日军开进万国租界独占鼓浪屿，鼓浪屿上无论洋人华人还是富人穷人，都开始了噩梦年代。

1945 年 8 月 15 日，日本无条件投降，鼓浪屿被国民党政府接管。

1949 年 10 月 17 日，中国人民解放军打败国民党守军，攻占鼓浪屿。随着中华人民共和国的成立，鼓浪屿彻底结束了百年被殖民历史，真正成为中国人自己的鼓浪屿。

1976 年，"文化大革命"结束。随着中国大陆改革开放之进程，鼓浪屿进入一个被有意识地珍惜、保护与发展时期。

入侵者来了，走了；毁灭者出现过，消失了，历史带给鼓浪屿耻辱与伤痛的一页页俱往矣。随着岁月的流逝，时代的演进，很多东西不见了，很多东西留下来了。有一天，人们忽然发觉，也许正因为鼓浪屿曾有过的那种历史，才使它拥有今天如此独特的面容与蕴含。好像正因为有了那不堪回首的主权"遗失"，上天才特别赋予了它一个超越时空与疆界的美丽补偿：当年浸淫在西风洋雨之下生发的奇异之果，时间已然涤荡了它的血腥与丑陋，只留下触发人们深远的情愫与同样深远的冥想，在今天越发显得它如此饶有意味，不可复制。它似乎在顽强地证明一种事实：入侵与掠夺无法阻遏世界性的交融贯通；在破坏与毁灭的同时，人类对文明的追求却生生不息。生长在鼓浪屿上，具有国际性声誉的中国诗人舒婷，是这样表述这种充满矛盾的文明性：如果排除那种侵略性、掠夺性、奴役性的一元思维批判，其间呈现某些成果是否或多或少参与了小岛的现代文明过程——在强行而巧妙的"殖民文化"推行中，既改造了边缘土地的传统成因，又培育出异质型的新质素？

正是这些异质型的新质素，在后来的日子里，沉淀并生发

今天的厦门鼓浪屿成为人们心目中"中国最美的地方"。

为鼓浪屿不同以往的、也异于其他乡土的独特魅力。海上花园、音乐之乡、琴之岛、万国建筑博物馆……它拥有的这一切名号，可以唤起人们对所有美丽的、优雅的、感伤的、骄傲的、共同创造的、又可以分享的事物的美感与向往；它成为劳碌在世的人们心灵深处的一处世外栖息地。它是许多人的人生梦想，而许多人的人生梦想也成就了它独特的普世价值：今天的鼓浪屿，拥有众多国家级风景名胜的美誉。

2005年，它在《中国国家地理》的全国评选活动中，被世人评为"中国最美的地方"。

二、鼓浪屿建筑意涵

　　无论是身置其中从各个细节感受它，还是身置其外从海陆空三方遥瞰它；无论是第一次登临它，还是最后一次告别它，在鼓浪屿这个中国最美的地方，第一个给你造成强烈视觉冲击的最美影像是建筑，最后一个留在心目中的最美印象还是建筑。

　　当宋元年间本土岛民在鼓浪屿上盖了第一座栖身之厝起，当西方洋人在鼓浪屿上建了第一幢洋楼起，鼓浪屿建筑的风云际会就注定要到来。尤其是到了20世纪的二三十年代，集东西洋南北风各个时代艺术精粹的各式建筑如雨后春菇，遍布鼓浪屿的山丘田野。如今，岛上仅存这一时期的建筑就达1000余座。这些建筑浓缩了鼓浪

旗山路7号人家的中国亭子

漳州路38号人家的前廊花园

屿的近现代发展史，隐含着中国殖民地半殖民地时期的社会形态；同时，也是我国民居建筑由传统形式向现代形式转折时期的产物，它为研究我国近现代建筑发展史，提供了重要的实物资料。

人类曾以建筑的形式，宣告自己进入文明史。建筑是人类追求诗意居住的第一寓所，这是人类生存的本能，也是存在的天性。君不见，即使人类歧见不一纷争四起，但建筑总是涵盖包容，当一切烟消云散后，唯有演绎过它们的建筑保有痕迹；当一切时过境迁后，建筑仍会以无声的语言，倾诉着人类曾有的寻求，引导着人们寻找并反思。不管建筑物因何而来，又发生了什么，但建筑的

安海路4号人家的庭院深深

语言，总能洗脱世间风尘，只告诉你一个最适用于人类的普遍原则，即诗意地居住。这就是为什么今天的人们，尽管有隔膜与隔绝，有成见与分歧，但站在杰出的建筑前，却只有共同的感叹与分享。建筑其实已远远超过物质层面上的意义，而成为人类共同的现实与梦想的承载。

也许，作为殖民地文化显著表征的建筑，究其实也只能建筑在血腥与辛酸之上，但同时却也无不闪耀着人类关于建筑智慧的结晶。这个结晶同样成全了今天的鼓浪屿，使它作为万国建筑博物馆的存在。甚至可以说，鼓浪屿风情万种，旖旎无限的风光，绝大部分来自于建筑其上的建筑，是由建筑其上的建筑来体现的。鼓浪屿的既定历史，使其建筑得以独特的建筑手法，融汇并演绎着来自世界上许多国家、民族、时代的文化符号与审美情趣。因之，鼓浪屿的建筑语言，是世界性的、历史性的、形象性的。所有鼓浪屿曾有过的精神生活与物质生活，都在此凝聚成一种属于鼓浪屿自身的文化传统。

如果说鼓浪屿的确有其独特性的话，那么这种独特性正是交

漳州路44号人家的角楼巍峨

福建路上的大户人家

集在建筑物上表现出来的。在一定程度与意义上都可以说，没有鼓浪屿建筑，就没有鼓浪屿的所谓风貌。它是鼓浪屿的色彩，鼓浪屿的音符。它是鼓浪屿的衣裳，又是鼓浪屿的骨肉。它不是无机物材料的堆积，而是生命有机体的凝聚。它是存在的历史，不死的传说。它历经沧桑，见证风雨，洞明世事，隐含人情。人穿梭其间，犹如穿梭于不同的时空隧道中，可以聆听人类最富艺术性的天籁，可以触摸时代最具时尚的风骨。

厦门人终于意识到了：鼓浪屿建筑作为历史风貌建筑所涵有的历史的、美学的、科学的、艺术的、精神的、物质的，当然还有建筑本身的意义；意识到鼓浪屿建筑是中国近代史、华侨史、建筑史等等不可多得的实物载体，是一笔不可再生、不可复制的文化财富。它不是城市建设的包袱，而是城市价值的体现。保护历史风貌建筑，不仅是保护城市的无形资产，还是保存一笔有形的且可以保值增值的财富。

鼓浪屿建筑不仅属于厦门人，属于中国人，更是属于全人类。

鼓浪屿建筑落地在鼓浪屿，是厦门人的幸运。厦门人有责任也有义务好好守护它。

2000年，厦门市出台《厦门市鼓浪屿历史风貌建筑保护条例》，并于同年4月1日起施行。

2005年，美国领事馆旧址、日本领事馆旧址、汇丰银行公馆旧址、天主堂、三一堂、安献堂、八卦楼、西林·瞰青别墅、亦足山庄、菽庄花园等10处13座"鼓浪屿近代建筑"，被福建省人民政府公布为第六批省级文物保护单位。

2006年，"鼓浪屿近代建筑"被国务院公布为第六批全国重点文物保护单位。

三、鼓浪屿建筑成分

　　鼓浪屿上建筑于不同年代的建筑，其成分来源与类型大致有以下几种。

其一，鼓浪屿本岛原住民与其民居。

　　鼓浪屿曾是座渺无人烟的荒岛，大约是在南宋年间，有周边大陆的李氏、黄氏等人家上岛定居后，渐引来人口。虽然宋、元、明时期岛上民居建筑于今已不可见，但由于迁徙来岛定居的多为闽南沿海三角地区——厦门、漳州、泉州的移民，且从岛上现存的有清一代的民居来看，原住民所起的房舍形态与格局，应

中华路上日光岩下的闽南古厝

14

与闽南民居有着直接而天然的联系。

鸦片战争后，鼓浪屿实际上成了万国租界。西方文化，尤其是西方建筑艺术成为鼓浪屿建筑主流，原汁原味的中国闽南民居，很少再建造。即便有些许建筑，大都也在各种各样的历史事件绞力下损毁，典型如建于1891年的黄氏大厝。此厝是一座砖木结构的四落大厝，为鼓浪屿黄氏家族第一世祖黄清波第十六代孙黄高生所造，占地共14400多平方米，俗称"九十九间"，形容其间数不计其数，可想其建筑体量何等巨大。大厝四周筑有院墙，两边筑有二层护厝以围护，东南角与西北角筑有枪楼以警戒。大厝第一落门额上嵌砌"资政第"石匾，门前石甬路两旁辟有花圃。第二落大厅正中壁上悬挂主人祠堂堂号"仰桂堂"匾额，门前为大石埕，左右开弓，可供二台戏同时上演。整间大厝庭深院广，构筑精美，因随地形而筑，故逐落高升，气势轩昂，蔚为壮观，据说是当时鼓浪屿上占地面积最大、开间最多的闽南传统民居建筑，可叹历经百年的兵荒马乱天灾人祸后，于今是空遗其名，不见其容。

因此，能保留下来的少量闽南古厝，成为鼓浪屿建筑中的稀有品种，典型如清朝嘉庆元年（1796年）黄旭斋所建的闽南传统民居"大夫第"、"四落大厝"等。它们距今200多年，宛如遗世孑立的老蘑菇，带着低调的华采，醇厚的精致，沉稳笃定，不卑不亢地开放在一派高头大马的洋楼群中，呈现出地道的中国风。无可置疑，它们愈来愈成为鼓浪屿建筑景观中最不可或缺的部分。

其二，西方国家驻岛机构与洋人馆所。

1840年鸦片战争后，厦门被辟为五口通商口岸之一，鼓浪屿就成为在闽活动的洋人热衷之地。1902年清政府又与诸国签订《厦门鼓浪屿公共租界章程》，随之设立专门的管理机构工部局，鼓

鹿礁路上异果仅存的哥特式天主教堂

浪屿成为名符其实的"万国租界",更是吸引着众多洋人洋机构到此乐业安居。

鼓浪屿起码从两个方面满足了西方人的胃口:

一是作为西方文明未曾涉足开发的处女地,鼓浪屿有供殖民者发展事业、进行事务活动的有利空间。随着洋人在厦事务活动的开展,建房是理所

当然。早在 1845 年(道光二十五年)3 月 15 日闽浙总督刘韵珂在有关奏折中提到:1844 年 7 月间,英领事记里布"在厦门择得官荒二处为建造夷馆之所",其后,继任领事亚利国"勘有兴泉永道旧署余地一段,自兵燹之后废为瓦砾之场,可以建屋"。这种趋势似乎很快就向一江之隔的鼓浪屿推进,如海关税务司休士(George Hughes)在其《海关十年(1865—1881)报告书》中提到:1872 年,"为了向中国人表明电讯是如何传播的,(大北电报公司)一条从厦门沿着海岸伸延至福州的线路,和一条从公司在鼓浪屿的电报站到美国领事馆的短的陆地线路建成。"厦门海关税务司巴尔(W.R.MD.Parr)在其《海关十年(1902—1911)报告书》中提到:"巡捕房,监狱、工部局和监督们的住宅均于 1909 年建成。"透过此类信息可以看到,西方诸国在鼓浪屿上所进行的政

治的、经济的、文化的等各种活动，日趋频繁与活跃。而与之相应的，必是要提供此类机构办公、活动的场馆建筑，以及可供此类机构人员居住的住宅建筑。最明显的例子是，与英、美、法、德、日、西班牙、荷兰、丹麦、葡萄牙、奥地利、瑞典、挪威等18个国家向鼓浪屿派驻领事的事实相应，一些国家在岛上择地修建领事馆、领事公馆、副领事公馆等，而供洋人们娱乐休闲的场馆，也随之应运而生。它们后来都成为鼓浪屿上具有标志性、示范式意义的建筑，它意味着西方建筑开始进入鼓浪屿，意味着鼓浪屿将迎来一个迥异于既往任何时候的建筑时代。

二是鼓浪屿优越的地理、气候和风景条件，可以给洋人提供十分惬意的人居环境。因此，不管是为公为私，还是长居短住，洋人都愿意择鼓浪屿而居。随着西方国家在鼓浪屿上各种活动的

田尾路上的洋人馆舍

增多，鼓浪屿上外国人口也随之增多。厦门海关税务司习辛盛（C.lenox Simpson）在其《海关十年（1892—1901）报告书》中提到："在鼓浪屿，情况有所不同，这里外国居民数量较多……"与之相适应的，必然是可供居住建筑的增多。

外国机构的各种办公场馆以及为其雇员所修建的住宅，洋人个体为自己所修建的私宅，如雨后春笋般在鼓浪屿各个移步即景的角落里醒目地冒出来，而且还必定是风景最为优美的地块。鼓浪屿似乎生来就是为人宜居的特点，使它与同时期的中国其他半殖民化城市，如大连、青岛等地建筑有所不同，其建筑90%都是居住建筑。

习辛盛在报告书中描述道："过去10年里，本地主要的——事实上也是唯一的道路方面的改善，发生在鼓浪屿岛上。鼓浪屿的情况大不一样。外国人的住宅遍布岛上。外国人需要良好的道路。这里平坦的道路已经修成，并有人专管，以期保持道路的良好完善。他们的强烈美感使他们沿着路旁栽种树木。这不仅使这里带有一种森林的风味，而且树木周围的阴影和微风有助于调节夏季的炎热。"而洋人们建造的房子，就如岛上本土大厝曾带来闽南沿海一带的建筑风一样，它们也带来了洋人原住国的建筑习惯、建筑格局、建筑艺术与建筑风格。鼓浪屿本土文化与外来文化，在外表上发生最奇特也是最急骤的糅合与变化，就是从这些建筑开始的。

其三，海外华侨、台湾及内地富商豪绅与其私宅。

鼓浪屿建筑随着西方殖民者在鼓浪屿上的安营扎寨，从此一改闽南传统民居建筑形态在岛上的格局，西方建筑元素与风格在鼓浪屿上几乎一统天下。但投资最多，建得最为讲究与排场的，则大部分为华人所为所有。换而言之，西方建筑在鼓浪屿上的滥

晃岩路上人家

觞，虽然源于以外国领事馆为标志的西方建筑，但后来使西方建筑传统在鼓浪屿上愈演愈烈，并使之成为鼓浪屿建筑主流的，则是华人投资营造的建筑，他们才是鼓浪屿近现代建筑的主力军。

出现这种特殊情况，是由当时内在外在诸多复杂原因之合力使然的。

首先从国际形势上来看，第一次世界大战结束后，世界经济秩序出现新一轮大调整，一些国家也建立了经济新秩序。在东南亚地区，一些殖民政府或当地执政者，对华商与华人企业抱有歧视与偏见，或课以重税，或在经营上给予诸多限制，这在相当程度上促成了当年下南洋并已发迹的华裔华商们，把投资乃至定居的目标转回母国。同时，由于中国的现代工业与城市建设在一战时期也有所发展，也开始构成对海内外原始积累资金的吸引力。

在国内，虽然时局不宁，常常军阀混战，兵匪一家，祸害四方，动乱难靖，但也正是在这种极不安生的局势之中，鼓浪屿的"万国租界"才呈示出它可供安居的相对优势。这是因为，一是当时西方列强与中国国势整体呈强弱势关系，国内各路势力一般不敢也不愿公然侵犯"公共租界"，以免触犯外国列强的利益，租界因之成了国内兵匪混战的真空地带；二是西方列强在中国有着共同利益，他们之间的各种势力也处于一个互相牵制与制约之中，因此在他们所共处的租界内一般也可以相安无事。这两个因素，使鼓浪屿在 20 世纪上下数十年间，在国内外风云变幻所掀起的

福建路上人家

惊涛骇浪中，成了可供世人避乱苟安的小绿岛。

福建人，尤其是沿海一带的闽南、闽东人是出了名的敢闯海的种。据文献记载，闽南人起码在汉代时就有下南洋谋生的迹象。后来，下南洋渐成为闽南穷

复兴路上人家

苦人家实现发家梦的最便捷途径，也是闽南人经商天赋与谋生方式最佳契合的选择。他们在南洋靠自己的聪明才智，勤俭勤力，一般能做到自食其力，幸者则可发家致富，甚至成为富甲一方的巨商。而闽南人历来就有南洋发财，老家起厝的传统，以建筑的方式，宣扬他们下南洋发财致富的功业，炫耀他们光宗耀祖的功德，更借此传扬他们庇荫子孙后代的美名。因此，在老家盖一座漂亮而气派的房子，往往成为下南洋的闽人，除谋生初衷外的第一梦想与寄托。因此，建筑对他们来说，不仅仅只是盖一座可供居住的房子那么简单的事，建筑是他们的形象，也是他们的精神，往往附吸并体现着他们毕生的心血与财富，毕生的梦想与荣光。这种融化于建筑其中的伦理功能，也会导致他们在建筑上的攀比心理与风气。

一般来说，西方建筑外在追求气派，个性张扬，内在追求享受，满足舒适感。中国传统建筑外在追求沉稳，个性内敛，内在追求品质，满足身份感。华侨华商的视野与财富，使他们有条件

永春路上人家

在其建筑上各取所长，各取所需，进行中西土洋之间的最佳"折中"。西方建筑内外功能与华人对建筑所寄予的炫耀心理的暗合，促使鼓浪屿建筑特有形态的诞生，也是造成鼓浪屿华侨房子，建得一栋赛过一栋的精美奢华的潜在原因。

乱世风暴中犹自安宁静谧如港湾的鼓浪屿，几乎就是为这些下南洋的富商巨贾们，量身打造预备下的。总而言之，当时对他们来说，或为投资兴业计，或为转移财产计，或为韬光养晦计，或为落叶归根计，或为逃灾避祸计……不管是出于什么原因，似乎再没有比乱世中的一方安乐土鼓浪屿，更适合做他们的去处与归宿了。据当年工部局报告，在 20 世纪初的短短 20 年间，光华侨在鼓浪屿上就兴建了 1000 多幢住宅别墅。

除了这批下南洋的华侨富商巨贾外，还有一批来自台湾背景的达人显贵家族，也是鼓浪屿建筑中十分醒目的主力。最具代表性的就是时为"台湾第一富"的林本源家族，在台湾被割让的情况下，一方面作为清廷驻台大员必须遵旨内撤回大陆，一方面也是不愿屈就身份，寄"日"篱下，苟且做人营生。林家归来后在厦鼓两岸都有房地产，特别是林氏弟兄所营建的菽庄花园、八卦楼等，都是鼓浪屿建筑中的经典名筑。当时，不愿留在台湾当日本人顺民而内渡回大陆，择鼓浪屿修建居所的还不在少数，如林鹤年所建怡园、林朝栋所建"宫保第"等。

鼓浪屿的居住环境，对中国内陆其他地区的土豪富绅名流们，也同样具有强大吸引力。一个相当有趣的情景是，一方面是军阀土匪一方枭雄，劫了富来此建造安乐窝以策退路；一方面是豪绅名流一方巨富，怕被劫了财更会来此建造安乐窝以策保全。总之，鼓浪屿成为有钱人的万能庇护所，故国人携家遣眷来鼓浪屿置业造房者日多，鼓浪屿成为跨地界、省界、国界的富豪们置业造房的首选之地，云集之地。

从以下几则史料中便可看出鼓浪屿华人人口成分与建筑成分之间的关系：

海关税务司许妥玛（F.Hughes）在《海关十年（1882—1891）报告书》中写道，"到处可以见到一些成功者的华丽住宅，这些人

平常日子不平常的建筑

或凭借不正常的好运气，或凭借杰出的才智，设法在爪哇或海峡殖民地积累大笔财产，然后安全地把它们带回自己的家乡。"

海关税务司习辛盛(C.lenox Simpson)在《海关十年(1892—1901年)报告书》中写道："富有的中国人从马尼拉和台湾返回，随之建起了外国风格的楼房以作他们的住宅。"鼓浪屿上人口的增加，"有一部分就是由于日本占领台湾引起台湾的中国人涌入本地区。其次是由于从马尼拉和海峡殖民地返回本地区的移民数量的增加，再次是由于轮船航运开辟以来，大批中国人从内地来到本地区"。

海关税务司巴尔（W.R.MD.Parr）在《海关十年（1902—1911）报告书》中说："许多移民取得成功，带着他们积蓄的钱财返回故里。这些幸运儿盖起了新式的、条件改善的楼房。在鼓浪屿，最好的大厦是属于那些有幸在西贡、海峡殖民地、马尼拉和台湾等地发迹的商人后裔所有。"

海关税务司麻振(J.H.Macoun)在《海关十年(1912—1921)报告书》中记录了这样的情况："清王朝的覆灭与革命……大量富裕的中国人把他们的家和有价值的财产搬到鼓浪屿。""由于实际上盛行于整个10年间的动荡环境，内地人口持续不断地向厦门地区移动，许多人都不再返回内地，而是定居在厦门或鼓浪屿。"

"在鼓浪屿上，10年前荒废的空地，如今由回国的富裕移民们建起了高大堂皇的大厦。"

从上述中可见，当时为商为官的、有势有名的，出于各种各样的原因，从海内外云集而至鼓浪屿的情形。他们在带来求地问舍、造房置业心愿的同时，带来了大笔大笔的黄金白银，这从客观上大大刺激了鼓浪屿房地产业的蓬勃发展，从而吸引更多有钱人前来投资房地产。这种状况已然形成一个良性循环，它让鼓浪屿建筑业持续兴旺了整整近四十年。正所谓阴差阳错，在20世纪上下国内外一派乱世中，鼓浪屿却尽得天时地利人和，迎来了建筑的黄金时代，而创造这一切的直接主力军还是华族华人。有两个数据可以说明这一点：一是鼓浪屿有70%左右的建筑为20世纪初至二三十年代所建造，二是鼓浪屿建筑中有70%左右为华侨

今日人民体育场，昔日"洋人球埔"所在，远处建筑为中山图书馆。

华商所建造。

其四，公共设施及民用建筑。

据现有建筑统计，在鼓浪屿上，个人住宅建筑所占比例是
70%，公共建筑所占比例是30%。但尽管如此，公共建筑的种类
与式样，却是繁复多样的，大体由以下两类构成：

一类属于历史风貌建筑。这批建筑大多为1950年前所建，内
容包括各种商业性、公共事业性建筑，有教堂、学校、医院、书
局、邮局、码头、俱乐部、运动场馆等，包括后来转为公用的私
家住宅与私家花园，前者如转为鼓浪屿宾馆的黄家花园，后者如
转为人民公园的菽庄花园。投资者有外国组织、机构与个人，也
有华侨与当地百姓人等。如海关副税务司满三德（J. Alex. Man）
1868年1月31日的报告："厦门船坞公司先前在毗邻外国租界的

鼓浪屿三友假日旅游城

地方拥有一块广大地盘，去年 9 月间又在与厦门港口相对的鼓浪屿开辟第三个船坞。"海关税务司习辛盛（C.lenox Simpson）在 1901 年 12 月 31 日的报告："1898 年 4 月 27 日救世医院在鼓浪屿设立，该医院是美国的归正会建立的，由教女们捐款支持。""英华书院座落于鼓浪屿岛，楼房和场地很壮观，是按照其现在的目的设计的。"海关税务司巴尔（W.R.MD.Parr）在 1911 年 12 月 31 日的报告："厦门女子师范学校于 1906 年 4 月 24 日设立于鼓浪屿。她依靠私人捐款、学费和捐赠基金的利息来维持开支。""租界在海滨拥有一个最好的游乐场。它部分归外国居民所有，部分归草地网球和桌球俱乐部所有。近年来，后者极大地改善和扩展了游乐场并增设了一个亭子。""救世医院，于 1898 年设在鼓浪屿。完全靠自愿捐献维持。威廉明娜医院于 1899 年开办，附属于救世医院，是专门为妇女开设的。"海关税务司麻振（J.H.Macoun）在 1921 年 12 月 31 日的报告："本地区有 3 家外国邮局，分属英国、日本和法国，邮局或代办处设于厦门和鼓浪屿。"海关税务司侯礼威（C.V.HoeWiu）在 1931 年 12 月 31 日的报告："现在，厦门最大的医院是设在鼓浪屿的救世医院，这是由美国归正教会办的。在鼓浪屿还有宏宁医院和日本的博爱医院。""在鼓浪屿工部局的支持下，一些进步人士在鼓浪屿建立了中山图书馆。"等等，诸如此类。

一类是属于 1950 年之后尤其是 1980 年以后所建造的现代建筑，投资人是人民政府，也有国营或私营的企事业单位、集团等。其中包括公园建筑，如皓月园、毓园、延平公园、海底世界等；包括演出、纪念、展览等场馆建筑，如鼓浪屿音乐厅、鼓浪屿钢琴博物馆等；包括商业、服务业等场所建筑，如海上花园酒店、鼓浪屿别墅酒店、三友假日旅游城等。

从这一类的建筑风貌来看，鼓浪屿的历史风貌建筑在这批建筑上，多多少少得到了某种程度的延续。

四、鼓浪屿建筑风格

鼓浪屿建筑，以其建筑用途分，有领事馆建筑、教堂建筑、寺庙建筑、居住建筑、园林建筑、公共设施建筑等等。

以其建筑形式分，有楼、屋、殿、堂、厅、廊、亭、阁、台、榭、园、苑等等。

以其建筑材料分，有砖、木、石、陶、钢、铁、水泥、混凝土等等。

这些看起来与其他地方并无二致的建筑元素，却在鼓浪屿独特的环境中，建构起它那独一无二的、不可复制的建筑风格。

在 1840 年之前，由于本岛原住民还未受到西方建筑文化与建筑风格的影响，所起屋舍不管简陋还是讲究，其所运用的建筑构件与建筑方法，所营造出的建筑形式与建筑

鼓浪屿近现代建筑形成的优美天际线

日光岩下有燕尾脊与马鞍脊的闽南大厝

风格，与传统民居没有多大的区别或改变，一般都保留有较纯正的闽南民居特色，有着浓郁的本土风味。

明、清以来的闽南传统民居，尤其是清代建筑，在闽南地区还可看到保存较为完整的。它们基本上是以瓦、木、石为建筑材料与建筑构件的庭院式平房。平屋的屋顶大都呈双坡面，正中高处屋脊两端或伸突出，或飞翘起龙凤须。平面布局单庭院的一厅二房（一明两暗），或一厅四房（一明四暗），它们组成以"一落"为单位的"厝"。如果由好多这样的"落"组合在一起，那就成为"大厝"。有多少这样的"落"组合在一起，就叫多少落大厝，如民间常见的"四落大厝"、"七落大厝"等。落与落之间由庭院（俗称"埕"）或天井隔开，形成一个密实与通透相间的入可隐出则明的居住空间。在主体房

29

屋横向的左右两侧，一般连建有各自朝向主房的纵向房屋，俗称护厝。护厝与横向的主房之间，比较讲究的也以天井相隔，以廊道相连。有的在主房正厅前面的"埕"两侧，还各建有厢房，俗称"伸脚"或"榉头"。大户人家，通常会在天井、埕或前庭后院里，挖掘一、两口水井，以供日用。而更讲究些的人家，就会利用这些空间，掘池叠石，饲鱼植花，营造山水，自成天地。

这样的平房大厝，屋宇连畴，占地面广，低伏于田畴阡陌的葱茏背景中，可以尽显中国传统建筑风貌的诗意画意。这样的古建筑在鼓浪屿上原也稀有，而且也没有在近现代鼓起的建筑浪潮中发扬光大，这除了鼓浪屿建筑本身深受西方建筑文化影响的显在原因外，还有它的内在原因：大厝式建筑明显会受到鼓浪屿盆景式的地势、地源所限，无法全方位展开，这无论从实用的角度还是美学的角度来看，都是不尽相宜的。

那么，与鼓浪屿地理地形地貌最相宜的建筑，应该是什么样子的呢？

1840 年的鸦片战争，打开了中国门户。紧跟在西方列强以现代化的坚船利炮为表征的军事力量后面，是更为强势的西方文化的进入。鼓浪屿首当其冲，一样不拉地经历了从军事力量冲击到西方文化熏陶的洗礼。当曾有的剑拔弩张过后，露出历史浮尘一角的，是一种令人惊艳并沉迷的建筑：已高度融合了东方和西方的、外来和本土的、古典与现代的生活智慧与艺术趣味的建筑。

鼓浪屿建筑，无论是从大观上还是细节上，都无不凝聚着这种融合，如中国式的庭院西洋式的楼房，中国式的屋顶西洋式的房体，中国式的厅堂西洋式的门窗，中国式的栏杆西洋式的阳廊，中国式的亭子西洋式的柱子，中国式的额枋西洋式的山花……不仅如此，人们更可以从中看到西方各个时期古典建筑中的各种经典元素，古希腊式的、古罗马式的、拜占庭式的、罗曼式的、哥特式的、文艺复兴式的、巴洛克式的、洛可可式的、新古典主义式的……目之所至，数不胜数，根据此特性，鼓浪屿建筑应是较为典型的有折中主义风格的建筑。

所谓折中主义建筑 (eclectic architecture)，是西方建筑学界对某种建筑风格类型的定义与命名，它意指这样的一类建筑：建筑师在其设计上并不采用某种特定的、单一的、纯粹的风格来设计，而是根据自己的爱好与意愿，完全打破各种风格之间的界线与界定，在同一建筑体上，选辑、糅合、模仿历史上的各种建筑风格，自由组合不同的建筑形式，不讲求固定法式，只讲求比例均衡、唯美是瞻，是谓杂取种种所长，皆为我用也。折中主义兴起于 19 世纪上半叶，流行于 20 世纪初前后。它的出现是以下两方面相互作用的结果：一方面，随着西方社会的发展，需要更多丰富多样的建筑形态来满足人们各种各样的需求，人们越来越希望能在建筑中集古今中外之美；另一方面，西方文明的发展可以

中西合璧土洋并用的建筑

海天堂构中楼后廊装饰

提供这种满足的条件。折中主义建筑出现的前提，是人们已认识并掌握了大量建筑遗产，而19世纪整个西方社会的发展提供了具备这个前提的条件：交通的便利，考古学的进展，摄影技术的发明，出版业的发达……等等，人们越来越有条件对各个国家，各个历史时期，各种风格的建筑形态与范式，进行认识、学习、掌握与传播。在此背景下，各地建筑师们的视野胸襟大大开阔，他们相互借鉴，互通有无，也相互影响与攀模，使得折中主义建筑蔚为风潮。

鼓浪屿大兴土木之日，正是折中主义建筑艺术大行其道之时。鼓浪屿人口来源的世界性，不仅带来居住建筑的需求，也带来对建筑多样性的需求。反之，西方人带来折中主义建筑思潮与其设计理念，鼓浪屿的建筑市场又恰能满足它。也许谁也未成料想，当时法国巴黎的高等艺术学府是传播折中主义艺术和建筑的中心，而远在东方的鼓浪屿，会恰当其时成了它播种的绝妙园地。

在此特别要指出来的是，遵从约定俗成的原则，本文把eclectic architecture中的"eclectic"一词，也表达为"折中"。

但"折中"在汉语里的词义，其实会影响到我们对"eclectic"的理解。因为汉语里的"折中"有着"中庸"的意思，根据《汉语大辞典》解，"折中，调节使适中"，意指调和不同意见或争执。它在实践中，常常会与"妥协"、"平衡"的意义联系在一起。但由"eclectic"翻译而来的"折中"，其实并非此意，它并不是调节与调和，更不是妥协与平衡。更准确的定义应是，它是兼收并蓄，是在不同的来源里选取最好的、最符合主体本意的糅合式创新，因此，它并非是在消极意义上的调和，而是积极意义上的融汇。

鼓浪屿建筑所体现的折中主义，不仅是对西方外来的同时也是对本土的各种建筑元素进行主动的、生动的摄取与辑合；不仅是对世界上各个时期建筑风格的模仿，更有在模仿中添加设计师乃至本土工匠自由发挥式的创新。这种建筑手法几乎遍布鼓浪屿的每一幢建筑物上，使每幢建筑物都可能饱含古今中外建筑

鼓浪屿的丘陵地貌

的各种元素，都可能饱含着出其不意的个性花样，都可能饱含着看似繁复但绝不重复的变化。当然，这其间，也同样包含着许多为人所知或不为人所知的败笔。

而特别有意思的是，与折中主义建筑广取博纳之特性相对应，鼓浪屿建筑的设计师，也大有文艺复兴时期出现的那种全才型人物，他们多专多能，按今天的话说，是地道的复合式综合型人才。他们可能是闻名遐迩的音乐家，牧师或医生，但同时他们也是出类拔萃的建筑设计师。在鼓浪屿上，你不期而遇的那些经典建筑物，不期然就会是他们留下的大手笔。这也许也是鼓浪屿建筑如此与众不同，不流于俗的潜性原因吧。

五、鼓浪屿建筑风貌

鼓浪屿建筑因其对世界建筑的融会贯通，因其所蕴含的东方伦理观与生活观，使它具有繁复多变，又统一和谐的奇特魅力。而这样的建筑，又是坐落在鼓浪屿这样一个得天独厚天然去雕饰的海中琼岛上。可以想见，那些来自不同文化背景的建筑师们，是如何被这小岛激发出建筑其上的激情与灵感的；而建筑其上的建筑形态，又是如何在他们的心目中呼之欲出的。因之鼓浪屿建筑，一定不仅是建筑本身，它一定还是与其建筑环境的天作之合。鼓浪屿为建筑提供了最佳地利，而建筑则使鼓浪屿进入人类历史中流光溢彩。

对鼓浪屿的自然景观，历来人们就把它好有一比，谓之"盆景"。盆景造型的灵感当然源于自然，但因其所具有的艺术加工含量——删繁补缺，集美去陋，既巧夺自然之功，又顺乎人情之美——故往往又高于自然，因之成功的盆景通常被认为是自然美与艺术美的有机结合，是植物栽培技术与造型艺术有机的结合，鼓浪屿就是这样一件成功的"盆景"，只不过它非人力所为，而纯

晃岩路上的梯山小筑

粹来自于天工玄妙。

鼓浪屿全岛呈丘陵地貌，日光岩为全岛制高点，也是第一名胜。日光岩以下四周，由近及远，遍布岩峰山峦。东北有龙头山、草籽山等，东南有东山、升旗山、复鼎山、石崁顶等，西南有鸡母山、英雄山、鹿洞山、旗尾山、倒交岭等，西北有笔架山、燕

蜿蜒起伏迷宫似的巷道

尾山、兆和山、骆驼山等。这些娇小玲珑的山头，虽赶不上崇山峻岭的伟岸，但其峻峭嵯峨、挺拔峥嵘之势，却犹过之而无不及。而在这些俊秀的山岩峦峰之间，则是层层叠叠的台地。如此地形，使得鼓浪屿虽为弹丸之地，却尽得地势之利之美。局部飞峰突起、悬崖兀立，整体则坡谷相接、跌宕起伏，为鼓浪屿建筑的参差错落提供了很好的地形地貌。

俗语说文是看山不喜平，建筑群体的坐落何尝不如此。无论是从建筑的功能性来说，还是从观赏性来说；无论是从居住视野还是从观赏角度的需求来说，又何尝不如此。建筑在其上，不由不因地制宜：或垒阶而上，或筑坡而下，山虽不高，俯仰间顿起风光；地虽不阔，方丈间自有乾坤；远观参差错落，鳞次栉比，意态缥缈，气象万千；近瞧则峰回路转，曲径通幽，花迷深处

笔山小道，顶上建筑为观彩楼。

闻人语，林巷尽头有人家；出则明，入则隐，出无碍，进无忧，一转弯一拐角，移步即景，这些的确都要拜鼓浪屿地貌之所赐。

而更有意思的是来自无心插柳之作：当初因顺其地形地貌而任意为之的建筑，造成至今鼓浪屿上没有一条整齐划一平坦宽敞的马路，有的只是如迷宫般蛛网密布的巷道。这看似毫无章法的城建布局，据说还是得自英国伦敦城之真传。它直接生成了全国唯一一座不通机动车乃至自行车的步行岛，从而使"结庐在人境，而无车马喧"的理想人居环境，居然可以在当今现实中存在。

世界各地各个时期的建筑精华，似乎只有汇聚在鼓浪屿这样的地块上，才真正释放出它繁复多变又和谐统一的无敌美感。时运机巧，当年折中主义自西方空降而来，未承想如此吻合鼓浪屿之水土。唯美、精美，多样、多变，个性化、融合性的折中主义建筑，与鼓浪屿天钟神秀的地理地形、地势地貌的契合，形成当世无出其右的鼓浪屿建筑风貌，成就了鼓浪屿万国建筑博物馆的名号。

百年前的1901年，海关税务司许妥玛（F.Hughes）描述道："甚至连中国地方官员也喜欢西洋建筑。……中国官员一般都非常保守，不愿摔掉旧习惯，但现在也开始表现了对外国建筑和外国生活方式的欣赏。现任道台按往常的习惯住在城内他的衙门里。但是去年，他在鼓浪屿中心区弄到了一幢欧洲式楼房，现在每天乘坐六桨的外国轻便小艇，来往于他的衙门和住宅间。今年的皇帝生日时，该道台于他的私人住宅内和海军管带一道宴请各国领事、海关人员和所有主要的外国居民。"

百年后的今天，厦鼓两岸5分钟一班的往返汽轮，永远的人头济济熙来攘往，人们几乎不能不惊艳中国有个鼓浪屿。小小的鼓浪屿，以其世界性的风范包容了人类的建筑精粹，成就了它的兼收并蓄，气象万千。它是居者的世外桃源，更是旅者的梦中家园。人们以它见证了建筑的奇迹：它的语言可以消泯哀伤惨痛，成为铭刻人类追求安居的智慧印迹；它的形态可以超越时空疆域，成为可供人类分享的文明结晶。这里的每天每天，都可以成为来自世界的每个角落、每个公民神往一渡的人间天堂。

当然，鼓浪屿首先是建筑的乐园，才成为行居其间的人们在凡世的天堂。

第一辑

大夫第与四落大厝

在鼓浪屿腹地的中心位置上，现存有本岛历史最悠久的一片闽南民居。它不显山不露水，沉稳笃定盘踞于中，在选址上明显与岛内洋房大都爱选在或临海处或高崖处不同，中国传统建筑中求含蓄蕴藉的理念，就此可见一斑。

这片民居，其一俗称"大夫第"，现编门牌海坛路 58 号，建于清代嘉庆年间，宅主为福建同安人黄旭斋。黄姓是最早开发鼓浪屿的先民之一，黄旭斋则是鼓浪屿"草埔黄"的鼻祖。相传黄旭斋本来只是一船工，因心善救急过一条汉子，那汉子实为海盗，为报恩从此独让黄旭斋海上跑船无碍，因之得以发财。发财后的黄旭斋，选定岛中这块较平展的"草埔仔"起厝，聚族而居。人们因地起名，就把这一支黄姓称为"草埔黄"。后因其子黄昆石例封中宪大夫，故此大宅门上有匾额书曰"大夫第"。"草埔黄"在有清一代盛极一时，晃岩以下，田尾之内，方圆所及，多为"草埔黄"田产，还办有私塾"竹林书馆"等，民间夸其富有"黄山黄海"一说，可用民谚仿《红楼梦》做一符：好大一个黄，母猪戴上金耳环。

"大夫第"平面为二进二落四合院,有围墙院门。地上 1 层,砖木结构。中轴线上的三开间式主体建筑,与附在两侧的护厝,形成庭院式建筑群体。中轴线上对称展开,正中主厝一明两暗,一般为厅堂、卧室、生活起居所在。两侧护厝朝向主厝的一面都另辟有天井,以利护厝功能房间的采光通风。护厝与主厝之间,另辟有雨廊走道相通。屋顶为两坡燕尾脊单檐悬山结构。

其二俗称"四落大厝"。据传黄昆石育有七子,人众不敷居,故在"大夫第"右侧,现编门牌中华路 23 号、25 号地块,又起"四落大厝"。大厝平面即为四进四落式,建筑体式与体制大致与"大夫第"相近,但在建筑体量与规模上,则比之大得多,是庭院式围合建筑群体的四落串联,屋顶为单檐马鞍形悬山结构。二处建筑的立面装饰大致相同,都是用本地青石条做墙基,用釉面红砖拼砌成各种几何形图案作为墙身,富有装饰美韵律美。

大夫第门匾

闽南民居的砖作十分丰富发达,传说中因宅主黄旭斋八字缺水,故在建造此宅时,特意把主厝天井内的地砖烧制成水波纹,天光海色之下,居住此间,差可比拟东海龙王了。尤其是用富有闽南特色的浮

四落大厝局部

雕、层雕、镂雕等工艺，在木、砖、石等各种质材上，雕出各色图案的构件，被极其广泛地用于建筑的各种部位上，如门、窗、阶、栏、台、屏、断、罩、龛、柱、梁、斗、拱、吊、檐乃至山墙、屋脊上等等。并在饰件的重点露明部位，施以彩漆或彩绘。天地山水，人物故事，花卉动物、几何饰纹，无不精雕细刻，精美绝伦，可谓满目雕梁画栋，不计其数，亦不尽其美，充分显示出闽南民间精湛的雕绘工艺与高超的建筑技术。

如今，黄氏子孙虽流播海内外，但却余此古厝镇守此地，成为鼓浪屿上现存最完整、最有名头、最具规模与典型的本土建筑类型，含蓄而强劲地诉说那属于"草埔黄"的黄金时代与黄金传奇。

林氏府·八角楼·林家公馆

从鼓浪屿轮渡码头出来，眼前就是那棵独木成林的大榕树。

往左边靠海的鹿礁路走，一边是海潮轻涌，一边是榕根盘虬。走到与漳州路交汇的三岔路口时，一定要往右拐，坐落在右手三角地带上的，是现编门牌鹿礁路113号的林家公馆。顺着这条路往前走，前边又会出现一片宅子，就是现编门牌鹿礁路11号至19号的林氏府。

林家公馆、林氏府的主人为林家父子两代人。

为父者林维源，生于1840年，祖籍福建龙溪。曾祖林应寅于乾隆年间渡海前往台湾发展，因家学渊源之故，在台先以设馆授徒，以为谋生之计。其祖林平侯16岁始渡海赴台省父，但改行学做买卖，从米店伙计做起到自己做老板。因林平侯勤勉努力，经营得法，始以发家。又商而优则仕，回大陆捐官当过柳州知府。数年后又仕而优则归，回台致力于垦殖业，后又兼营工商业、航运业。如此官商一体的经验与背景，令林平侯事业风生水起，富甲一方。传至林维源第三代，在台湾已是根基牢固、实力雄厚的世家望族了。林维源继承其祖业，更发扬光大，集官商一体，跨政经二界，长袖善舞，生财有道。又秉其祖良德，乐善好施，公益心强，散财亦有道，在成为"台湾第一富"的同时，声望名气亦如日中天。1894年，中日甲午战争爆发，1895年，清政府与日本签订丧权辱国的《马关条约》，把台湾割让与日本。时任金台垦抚大臣的林维源，一方面遵循光绪帝对清廷驻台大臣的召回令，一方面亦不甘寄"日"篱下，俯首为奴，便携眷举家渡海内迁回大陆，择鼓浪屿而定居。林维源下船伊始，即购得一幢英属旧别墅装潢后住下，此楼俗称"大楼"。因人多不敷居，又在"大楼"右侧近傍择地另起一幢西班牙式二层楼房供家小居住，俗称"小楼"。1905年，林维源病逝于鼓浪屿，时年65岁。

儿子林尔嘉，字叔臧，别名眉寿，1874年出生于厦门，原为林维源外甥，6岁时在林维源亲子夭折多年无出后，由父亲做主，过继到林家为长子，排起来应是林家迁台的第五代。林尔嘉到台

林氏府中的八角楼

湾板桥林家后，发蒙读书，自长成，已遍览经史，通晓诗赋，熟稔英文日语，为日后担当林家江山打下良好基础。其父林维源决定舍家内迁时，林尔嘉年二十，正值青春年少，亦不甘寄"日"篱下，毅然随父回迁。其父去世后，林尔嘉子承父业，统领林本源家族，继续在大陆的各种经营活动，并出任厦门商界诸多组织的总领，担任鼓浪屿工部局华人董事14年，发起创办电话、电

八角楼局部

灯、自来水等公用事业，发动海内外华商巨贾投资市政建设，改造旧城面貌。1913年，林尔嘉在鼓浪屿修建名盖东南的私家园林菽庄花园。1915年，林尔嘉出任厦门市政会长。至此，林尔嘉可说是于政商两界都经营得风生水起，功成名就。依乡俗惯例，正是到了要自己盖房起楼，彰显祖业荫庇子孙的时候。遂于父辈构筑的大小楼之间，又起一楼，此楼因檐前两侧各带有一个八边形角楼，故时称之为"八角楼"。又为走动方便计，于三栋楼宇间，增建风雨走廊相联结，形成一个整体布局呈S型的建筑楼群，统称林氏府。

八角楼，现编门牌鹿礁路15号，要说林氏府中最精美最具代表性的建筑非"八角楼"莫属。

该建筑坐西北朝东南，地上4层，地下1层，砖木结构。建筑平面主体为矩形，前部两外侧为八边形双角楼，故得名八角楼。檐前是八角楼装饰精华所在。设计师为突出正立面装饰效果，把正立面设计成以正门为中轴线向两边对称展开的三大开间，左右两开间即各为八角形角楼的多边形立面。角楼之间的正立面二楼以上，以中间跨度大，两旁跨度小的三开间连拱券柱式结构来装饰。而在一层的大门入口处，则建有外凸的多边形柱廊，它既做了楼房入口处的门廊，廊顶又做了二楼功能房的室外阳台。门廊为六角多边形，正面门面阔，两侧斜面窄，通高二层的廊柱，连接柱间的弧形额枋，更突出门廊的高轩与富丽。而入门台阶开在门廊两侧，双旋而上，更增添了两旁烘托，强调入口的作用。廊柱下部则以密实的白石压条栏版相连，这与廊顶阳台的围栏，二层以上连接柱础间的矮墙，以及楼层间、檐间的水平重叠线条，构成了整个立面在上下凹凸空间中的对应。

整幢楼在不大的空间里，集有角楼、柱廊、阳台、功能房间等诸多元素，平面上多方位的多边形布局，与立面上多层次的凹凸设置，形成一个富有层次感与立体感的立面。在此基础上，每个层次的每个立面上都开轩有窗，所有的额、枋、楣、坎等部位，都以洁白的水刷石上浮雕缠枝草叶蔷薇白鸽等作为装饰，精美典雅。整个立面装饰在点面之间，凹凸之间，水平与垂直之间，直线与弧线之间，质感与色彩之间，形成鲜明的对比

位于正立面两侧厢角楼是鼓浪屿建筑的常见形态。图为安海路上一宅楼

与对应效果。整幢楼既有巴洛克建筑风格讲究线条的韵律感、量感、空间感与富有变化的立体感，又有洛可可建筑风格中利用曲线与山花做出壁面的形式美。典型的"折中"风格，使八角楼看上去既端庄华美又典雅清丽，宜于居住又充满艺术气息。

林氏府的庭园曾相当有名。庭中小径均以素彩卵石铺就，在高大的樟树与攀枝花下，低矮的蕉叶葵与鸢尾花丛中，迂回穿过传说中的眉月池、紫藤亭，没入后花园墙根下的杂草生花中。后墙上开有一小门，据传此门是在美丽纤弱的林家二太太病危时，临时破墙而开的，因依宗法礼制，姨太太的灵柩不可从正门抬出，只能从边门或后门走。也许二太太不甘如此歹命吧，待此门一开，病倒奇迹般地好起来。如今风过云淡，人去楼空，空遗一扇传奇之门，更增添江南庭院的神秘气息。

林家公馆。如果说，八角楼的建筑以张扬的华美取胜，那么林家公馆则以内敛的精巧令人叫绝。林家公馆面积不大，占地约220平方米。由于地块位于三道交汇处，故呈不规则的直角梯形

东升拱照华美精致的林家公馆

状，且斜角临街，这给设计带来相当难度。但设计师不被地所困，很好地利用了这个特殊地形进行布局，反而把劣势化解为优势，建成一处实如门匾所示的"东升拱照"之吉宅。

该建筑坐西北朝东南，临鹭江海道。地上2层，砖石结构。整体平面呈L形，两个端点之间的斜线刚好砌成一道带门楼的临街外墙，墙内与建筑物之间刚好形成一个三角庭院，既巧妙地解决了用地与布局的矛

林家公馆的精美窗饰

盾，又形成一个十分实用而合理的居住空间。

L形楼房主翼设做卧室、客厅、书房等功能房，侧翼设做厨房、餐厅、下人房、厕所等功能房。主房屋顶四坡落水，正立面上下二层带有外廊，位于正中部位的两根廊柱，既是上下层外廊的支撑柱，又是装饰重点。同时作为栏柱的两个柱础，柱面上饰有欧式浮雕，典雅大气。柱础上并立双柱，柱头把古希腊爱奥尼柱式的两头涡卷改良为蝶翅状，蝶翅下采以印度叠涩法，再垂饰以一串风铃浮雕。柱体皆以雪白刷石饰面，在廊内整面暗影的衬托下，尤其醒目。若于月光日影下视之，海风忽来，柱上双蝶，

似薄翅微振，栩栩如飞，带动串铃，叮铃可闻。

侧翼屋顶为平顶，外围以镂空雕花女儿墙。立面二层以带铁艺栏杆的走廊贯通。因栏杆为镂空，便突显出房墙与嵌在其中的百叶门窗尤为明亮，两翼立面状如打开 39 度的册页一般，恰好构成虚实明暗的强烈对比与变化。

L 形二端山墙墙面临街而立，设计师为避免单调，专门为开在清水红砖墙面上的窗户，设计了不同款式花样的窗套、窗檐与山花浮雕。但却别有匠心，并非杂乱无章，窗套上的柱式花饰，与主房立面上的双柱花饰构成呼应。每扇窗檐上的雕饰，又与院门上十分精美繁复的花饰构成呼应，整个建筑从局部到细节，都暗含关照，互为映衬。洛可可艺术的绘画感、雕塑感，恰到好处地塑造了它的不同流俗。

林家公馆建筑体量不大，然似不起眼处却处处风流，它们共同构成一个别致新颖的建筑立面，十分耐看且耐人品味。

八角楼与林家公馆，据传皆为一法国建筑师所设计。

海天堂构

在福建路上，有座造型十分饱满隆重的中国式门楼，门匾上书"海天堂构"四个字，同样饱满隆重。穿过门楼，眼前由近及远赫然呈现一大片中庭式广场与四周的一大片建筑，甚为壮观，方才顿悟此院为何会有如此气魄不凡的命名。

"海天堂构"大院内，一共有五幢三层式楼房，始建于 1921 年，占地总面积约 6500 平方米。整个建筑楼群沿中轴线对称分布：以中轴线上约 700 平方米左右的中庭为中心，正上方是中楼，中楼左右各有一楼，中庭前方左右各有一楼；左右两侧楼房皆为西式，唯有中楼是仿古式中西合璧，形成后三前二夹一中庭的布局。但有意思的是，这五幢楼房虽同处一院，却并不同属。

中楼与前方左右两幢为菲律宾华侨富商黄秀烺所属，中楼左右二幢则为黄的同乡好友黄念忆所属，现编门牌为福建路38号至42号。如此罕见布局，应可显见当年二黄之间的同乡之谊兄弟之情，有多么亲近深厚。

五幢楼各具中西建筑的艺术特质与风格，十分精美。但从所处左右簇拥的居中位置来看，中楼无疑是视点中心也是建筑重点。而中楼的建筑也的确不负其名其位，主人黄秀烺的倾心倾力倾资，完美地将其打造为"海天堂构"建筑群中不二楼选的形象代表。

黄秀烺，原籍福建晋江，生于1859年，自幼父母双亡，少时随兄长在闽、粤、浙一带做生意，后兄亡转赴菲律宾谋生。黄初到同乡店里做记账员，因聪慧勤勉，

海天堂构里位于中心位置上的中楼

从中楼内透视前庭的中国门楼西洋房

深得老板赏识，遂支持其资金起家，历20余年奋斗，终成一方富商。1899年，黄秀烺携资回国，在厦门开办菲律宾"炳记商行"分行，并择鼓浪屿定居。因其经营得道，获利甚丰。后因向清廷捐献巨资，而被朝廷封为"正四品中宪大夫"。黄秀烺一生热爱家乡，为富施仁，勤做公益，曾与巨商黄奕住一起，捐资重修泉州东西塔，在民间影响颇大。孙中山先生曾题赠其"热心公益"、"急公好义"之匾额。1925年，黄秀烺病逝于鼓浪屿，享年66岁。不过，能亲眼看到海天堂构的建成，亲身住进自己精心打造的中楼，黄秀烺此生应是无憾。

该建筑为地上2层，地下1层，砖石结构。平面呈正方形，整个筑在地下层垒起的基座上。前部正中凸出部位为门廊,四廊皆有外廊环绕。清一色清水红砖顺砌白灰勾缝的方形廊柱,二层通高直顶檐下。中心功能房间共有10扇门各通向四围外廊,实用且壮观。正立面呈八柱七开间式,正中入口开间大于两旁左右对称式开间,形成中间凸出部位门廊的装饰重心。廊前有一双向而上的集中式阶台,两侧斜向而上的护栏,与中央平台台沿的水平护栏,构成一个显赫的八字状,不仅更强调了门廊中心入口,且增加了楼面开轩的大气与中庭广场的平直完整。门廊对应楼层分为上下两层,廊柱间一式西洋宝瓶状栏杆,檐替上一式龙凤挂落飞罩。又尤为醒目的是,在此门面之间,设计师别出心裁地在间隔栏杆的两个望柱上,与间隔挂落飞罩的两个垂柱下,分别设计了一对花钵与垂花,上下双双对应,中国建筑中似断非断,若即若离的空间装饰手法与审美趣味,在此发挥到极致。可以想见,若从楼外看楼里,它是主相框,框出的是活动人像;若从楼里看楼外,它是主画框,框住的是变幻风景。

而这些似乎只是在为最后一笔重彩做铺垫,那就是安在这一切之上的中国"帽子":正方形主体平面上的大歇山屋顶,与位于前方门廊之顶的小重檐四角攒尖式屋顶,共组成一个中心突出,气势非凡的屋顶。参差错落在屋面上的所有翼角与其他构件,一律被塑以各种富有动感与动势的物象,如翻卷的水花春草,飞腾的戏水蛟龙,其花瓣草叶,龙鬓龙须,一丝一毫,透空点在晨昏四季不断变幻的天幕上,历历可见,其用心之精巧,造工之精湛,叹为观止。而用碧色琉璃瓦做成的歇山加重檐攒尖的主体屋顶,与位于正前方的也是用碧色琉璃瓦做成的歇山重檐顶门楼,也构成一种远近高低,错落有间的呼应。若于门楼前伫望,由中轴线上由近及远,由低及高,由点及面辐射开去的重重飞檐翘角,于日光月色下,明流暗泛,闪金烁银,直教人恍若天上宫阙,何似在人间。

如果有人问，该建筑的中国"帽子"是怎么做成的，这就要涉及该帽子的内部空间结构。设计师结合中国藻井与西洋穹隆的结构形态，利用条板拼成的天花，分别筑起一大一小两个圆锥状穹壳，穹壁上彩绘中国花鸟，古香古色。而在歇山顶内部中央的那个大穹隆下，主人置放了一尊玉石雕成的大观音像。上下隔空对应的技巧在此又一次完美运用：

海天堂构中楼亦西亦中的穹顶藻井与观音像

它显然营造出了一个可八方瞻仰的既实用又美观的立体神龛。

该建筑立面装饰的创新之处，还体现在一些普遍性细节上，如以混凝土来仿陶瓷，仿石，仿木，做出传统上需用这些材质才能做出的透雕花饰构件，用以装饰顶上翼角，檐下斗拱，柱间额枋，以及门楣、窗套、护栏、飞罩等等地方。它们上与大大小小的歇山重檐顶，下与蹲踞在门楼柱前的那对石狮，共同营造出一种十分浓郁地道的中国味道。于是，中国式古香古色的经典符号，装缀在沉稳堂皇的古希腊柱廊式建筑上，于庄严气派中弥漫着挥之不去的檀香味的清雅悠远。

曾长期居住在鼓浪屿的美国归正教牧师毕腓力，分析过这种"穿西装，载中帽"的鼓浪屿建筑形式说：华侨在海外遭受欺凌，因而在建造房屋时产生了一种极为奇怪的念头，将中国式屋顶盖在西洋式建筑上，以此来舒畅饱受压抑的心情。这个观点迄今流传甚广，也许不无道理，但其实更有可能的是物主对建筑在精神、心理、实用、审美上的需求与抉择。就"海天堂构"中楼这个个案来说，屋顶显然是中国的好，因为气派；屋身显然是西洋的好，还是因为气派；而西洋房间功能与空间布局的实用，与中国建筑装饰唯美情趣的结合，才能建筑起物主心目中需要与理想的住宅。

还有很重要的一点是，从海天堂构的建筑中，可以发现建筑师对中西建筑元素的把控，他们简直就是不拘一格，信手拈来，自由发挥，近乎随心所欲，却又都能落地生根，浑然天成。这种气势表明：一，建筑师有高度的自信；二，这种高度自信后面所必备的气场。它昭示了鼓浪屿折中主义潮流遍地开花，繁花似锦的年代；它意味着鼓浪屿建筑与它特有的风格，正处于上升时期，并走向鼎盛。

黄荣远堂

黄荣远堂，现编门牌号福建路 32 号，其所处位置很是特别：前门，与"海天堂构"门对门；右侧，与天主教堂接壤；左后两侧，隔着院墙和巷道，与许家园及迎薰别墅等相邻。不知是人意天意，好房子就是这么扎堆来。

黄荣远堂，建于 1920 年，本属原籍福建晋江的菲律宾华商施光从所有。传说施光从在海上偶遇黄仲训，二人一时兴起，施以此楼为押，黄以其船队为押，展开一场海上豪赌，结果施光从输了，此楼便归了黄仲训。黄得手此楼后，以自家房地产商号"黄荣远堂"名之，足见其对此楼的重视与钟爱，而黄仲训财富来源的传奇性，亦在此可见一斑。

黄仲训，原籍福建南安，1875 年出生，少时即离家到厦门生活，进过学，有秀才学历。1901 年，他远赴越南协助其父黄文华经营地产,并入法国籍。1918年,受闽南鼓浪屿上房地产业勃勃兴起的吸引,黄文华遣子携资120万银元,回国创办"黄荣远堂房地产公司",在厦鼓两岸寻机投资,大兴房产。据资料显示,"黄荣远堂"在鼓浪屿上前前后后建了54幢共1.7万平方米的洋房,其代表性建筑不少,如西林别墅、瞰青别墅等。但"黄荣远堂"的名号,却偏挂在这赌赢来的房产上,也许,这对经营房地产的"黄荣远堂"来说,确是一个大好彩头吧。

该建筑坐北朝南,地上3层,地下1层,总建筑面积1213平

黄荣远堂正立面

方米，砖石结构，设计师为菲律宾工程师。主体平面在一、二层上大致呈矩形，不完全对称。前部正中凸出弧形部分为门廊，两侧附带外廊。第三层平面变化为十字形，并四边缩进，空出的屋面自然形成围绕十字中心的露台。建筑正立面呈五间开式，正中凸出半弧形门廊为四柱三开间，门廊前与双向而上的集中式台阶相连接。门廊的四根古罗马陶立克式巨柱，通高越过悬空于二楼入口的水平小阳台，直抵三楼露台檐下，阳刚简洁，雄健挺拔。左右两厢立面并不对称，左方右圆，与呈锯齿状退后显示出来的双侧外廊，更加突出了主楼半圆形门廊的入口。

　　三楼露台上别具

黄荣远堂侧立面局部

黄荣远堂侧廊

匠心的平面设置，给立面带来画龙点睛般的奇异效果：外沿半弧的露台上有一个连接主房的方形外廊，这是十字朝前凸出的部位。而位于十字两翼上的外廊呈锯齿状退后，与其形成簇拥之势，更强调了立面中心。三层廊柱使用爱奥尼克双柱并列式，与分布在功能房四周的廊柱一起，形成一种廊柱林立的气象，恍惚古希腊罗马之神殿。而在其左侧与弧形角楼相对应的部位，则筑有一个纯中国式的六角攒尖顶亭子。中国与西洋的古典建筑符号，齐集在三楼露台上，别有风光。从平地上仰望之，视线顺着有顶天立地之气势的圆形巨柱而上，恍惚空中有亭翼然，殿阁栉比。设计师对空间的巧妙设计与利用，在平地上叠屋架床般生造出一个空中楼阁，让人不得不惊奇，何以只有三层的建筑，会让人产生如此错觉与美感。

该建筑立面的丰富多彩还在于对廊柱、栏杆、山花浮雕等构

黄荣远堂庭前假山上的亭子

件，在不同空间不同部位不同的尺度中，使用不同材质与不同造型而形成的特殊效果。如正门入口处大气磅礴的陶立克柱式，三楼上纤巧林立的爱奥尼克柱式与科林斯柱式的参照对比；如一层步台上的斜十字栏杆，二楼中央悬空于门廊中的小阳台铁艺栏杆，三楼露台与屋顶女儿墙的镂空栏板，共同形成一个层层叠叠、虚虚实实、光透影错的迷离效果；如在不同位置上的门窗分别使用多种曲线构成的窗套饰样，与巴洛克华丽柔腻的山花浮雕，使整体方圆严正的建筑，瞬间风情万种。

　　宽敞的庭前，花木葳蕤，流水婉约，山石叠涩，亭榭相间，是中国古典式园林布局与造型。黄荣远堂的中西合璧，不仅体现在楼房本身上，还体现在园林与楼房之间的混搭上。洁白的花岗岩与水刷石饰面的西洋建筑，浮出幽深色调的中国庭园，在庭院深深深几许的中国建筑意境中，合璧了层层向上的西洋建筑意味，使黄荣远堂成为鼓浪屿建筑精品中的精品。

迎薰别墅

　　福建路主干巷上，有许多如章鱼触手般延伸出的小巷，黄荣远堂左侧墙外就有这样一条小巷。巷子里并排三幢风格相近的楼房，据说是由一家开发商建造的，巷底那家门楼上浮雕有"1936"字样，显示着房屋的年轮。中间那幢最高大华美的楼房名"迎薰别墅"，现编门牌福建路28号，是被行家里手倍加欣赏的建筑精品。

　　该建筑坐北朝南，地上3层，总建筑面积约600平方米，砖石结构。建筑主体平面呈矩形，前部带外廊，沿中轴线左右对称，中间为大厅，两侧为功能房，是本土民居中经典的四厢夹厅的"四目房"式。后部与外廊相对的横向空间为室内楼梯通道，最后部为厨房、浴室、卫生间等杂用功能房，布局严整且实用。

迎薰别墅的楼上"台阁"，这是鼓浪屿民居建筑的常见形态。

建筑正立面为四柱三开间式，中间两柱间跨较大，通入口；两旁柱间跨小，由栏杆相连，四根通高的科林斯式方柱，直顶至三楼檐下，在中间的两根方柱之间，又特意增设一对小立柱，以此强调了立面中心与入口。外廊部分在三楼上，因为屋檐的退后而形成空中露台。因为有了这露台，就可以在三楼主房正门外，筑出一个与之相连的多边形（或半圆形）的中国亭子。这个大胆的神来之笔，使上下数层的外廊形态发生了有趣变化，不仅打破了平板与直线，丰富了立面装饰，更是把中国古典园林中的亭子引到自家楼宇上，丰富了空间功能。屋顶为平顶女儿墙四围式，但在正中多边形半亭相对应的顶部上，设置了一个精美的山形浮雕装饰构件，而镶嵌在两旁墙体窗楣上同样精美的山花，与之呼应，构成了一个在更大空间里的山形装饰，层层增添了建筑的巍峨与富丽。

四根通高两层的方形廊柱，一直被行家认为是鼓浪屿建筑柱式里的代表作。柱身上部只有倒尖锥形的直线几何图案，但却因此简洁而隆重地把人的视线引至精美繁复的柱头上。柱头是呈四翼张开的涡卷，在涡旋之间冒出朵朵似浪似菇的花饰，在光影游移之间，呼之欲出，伸手可将，立体逼真。雪白的水刷石廊柱、立柱、檐口、构成的纵横直线，与点缀其间的由卷曲线条构成的雪白花饰，浮在一式清水红砖砌成的楼体之上，明艳动人。加上每个装饰点上似乎都要翻卷而起跳脱而出的欧式花

福建路上许家园的楼上"台阁"

中华路上褚家园的楼上"台阁"

草，无不散发着一种轻快、俏皮、喜悦、热烈的气息，使这座结构严谨、布局严密的建筑，突显出一种矛盾的协调：规整与灵动的，古朴与奢华的，简洁与富丽的。它们共同营造出一种实用的美感与日常的艺术，这应是鼓浪屿建筑能让凡心称羡的地方。

也许正是因为这一点，这种在洋楼上筑中国亭子的建筑范式，在鼓浪屿上显然一时蔚为风潮。走在岛上的小巷深处，不期然就会与类似楼房相遇，知名的有如位于鹿礁路上的许家园，不知名的但却论精美有过之而无不及的有如中华路上的褚家园。

怡园

怡园，位于福建路区间腹地，与海天堂构之二的34号、36号隔路相望，现编门牌福建路24号，约建于1895年。园主林鹤年，字氅云，祖籍福建安溪，1846年出生于广东，系晚清福建八大诗人之一。光绪九年，林鹤年应试礼部，取誊录第一，任国史馆誊录官，后调任台湾为官。其平生酷爱诗文，在台时即与过往大员时有酬唱应答。中日甲午海战后，台湾被割让与日本，清廷谕令驻台官兵撤回，林鹤年只好忍痛于 1895 年内渡回大陆，择鼓浪屿而定居，因筑此园。及园成，即以"怡园"名之，以寓心在台湾是也。

该建筑地上 2 层，地下 1 层，砖石结构。平面主体呈矩形，内部空间是闽南民居常见的四厢房夹中厅格局，沿中轴线左右对称。主体建筑建在由地下防潮层形成的基座上，十四级石阶从庭

怡园冬景

怡园夏景

院直上一楼门廊入口处。檐前正中部分带外廊，四柱三开间，为经典的古罗马方柱连拱券柱廊，与经典的中国式宝瓶状栏杆的结合。中间跨稍大，与直通门廊的石阶一起强调了正面入口。两侧是向外凸出三面的多边形角楼，每层每边都开户有窗。多边形角楼与外廊的结合，是鼓浪屿建筑的一大特色，角楼多以三面或五面凸出，面面开窗，让居室与阳光海风有更多的亲密接触，以弥补处于廊内功能房间的缺憾。这样的建筑设计，既考虑了住宅应带有半开放式空间的休闲功能，又顾及全封闭居室开窗临风的需求。总之，角楼与外廊的结合，不仅在平面布局上起功能性作用，又在立面美化上起装饰性作用，大大丰富了人们对居所的需求与审美。

楼成，又拓周边旷地为花园，垒石布山，掘池植林。及园成，园主常邀友人至此赋诗填词，望洋兴叹，痛陈"海上烟云涕泪多，擎天无力奈天何！仓皇赤壁谁诸葛？还我珠崖望伏波"之情怀。1896年的一天，挚友书法家吕世宜来林家做客，见园中山水清雅，别有情致，便于饮酒作诗间，欣然挥毫书下"小桃源"

三字，这字暗含园主避乱怡居的无奈与伤痛，遂刻意筑壁镌此字为念，并铭之："避氛内渡，筑园得吕不翁书小桃源石刻，人以为忏，爰嵌诸壁。"至今，此碑犹在，字迹犹新。

据传林鹤年因幼时失乳，由伯母喂养。及长，视伯母如亲母，他定居鼓浪屿后迎候伯母来怡园养老，侍之至孝，亦可谓忠孝两全之人了。

1901 年，时年仅 55 岁的林鹤年，终因抑郁劳顿过度，溘然辞世。如今怡园依然，斯人何方？好在有此园此碑在，诗人的耿耿心念，如园中年年缤纷落英，自有后人拾传。

杨家园

从鼓浪屿轮渡码头出来后，经过弯弯曲曲市声鼎沸的龙头路往北边走。一路缓坡，地势渐高，这是位于鼓浪屿腹地中心的笔架山脉的伸展地带。两旁高墙的深深庭院也一起往高里走，往深里走，市嚣渐被幽曲深长的巷道所消弭，渐入静谧，这就到了鼓新路。从鼓新路与安海路交汇的地方起，一直到八卦楼之间，透过西边沿道的门楼花墙，可以看到整一片森然耸立错落有间的建筑，这就是杨家园了。

杨家园由四幢造型各异的楼房组成，现编门牌号安海路 4 号与鼓新路 27—29 号，园主为菲华侨商杨知母家族。杨知母，原籍福建龙溪，在菲律宾马尼拉经营五金公司。上世纪一二十年代，鼓浪屿房地产业兴起，蜚声海外，1913 年，杨家兄弟闻风而来，在鼓浪屿笔架山南麓向阳的坡地上，觅得旧地一块，拆除旧房后新建了四幢洋楼。四幢楼连绵一条街过去，统称杨家园。杨知母的弟弟杨知纲，有儿杨忠权，1883 年出生于龙溪老家，自幼丧父，14 岁随伯父母至菲律宾学做生意。因聪敏机灵，善经营，在兄弟辈中渐露头角，遂被推举为家族"兄弟五金公司"主事人。

杨家园建成后，杨家兄弟相继迁入安居，并继续开办多家公司，经营钢铁、房地产、外贸商品等等。惜天不假年，1932年，正当壮年的杨忠权，却因积劳成疾抛下妻室与众多子女，撒手西去，病逝鼓浪屿。杨殁后，其妻独肩重担，照看生意，抚养孩子，后代亦多有所成。杨忠权夫妇本合葬于鼓浪屿墓园，1976年由其孙迁往菲律宾，唯留下赫赫一片杨家园。1989年，其后人归来上岛寻根问故，处理产业，遂将鼓新路27号这幢杨家园中最气派的楼房定名"忠权楼"，以缅怀先祖立家创业的荣光。

可以把这条巷叫作杨家巷了：杨家园一连三个大门楼。

杨家园中的忠权楼

　　忠权楼是杨家园中最具代表性的建筑。

　　该建筑坐北朝南，地上 3 层，地下 1 层，砖石结构。建筑主体平面呈矩形，前檐中间凸出部分为门廊，为鼓浪屿建筑中的单面廊式。正立面采用古典主义建筑经典的横三段、竖三段式处理手法。横三段即灰青条石垒砌就的兼作建筑基座的地下层，一、二层为主体功能房间，四层阳台上带弧型外廊与天台一个层次。竖三段即中间嵌入同时又凸出的以白色水刷石装饰的门廊，左右两厢是清水红砖墙体与窗户。中间门廊部分为四柱三开间，一楼中间主入口，直接十级台阶分二层而下通往庭院。四根科林斯柱式，结合陶立克柱式的雄健挺拔与爱奥尼克柱式柱头的秀美，从基座平台上通高三楼屋檐下。地下层垒高的基座，雄壮通高的门廊廊柱，使得实际只有二层的主立面看起来十分高昂，这就是忠权楼为什么在杨家园四幢楼中看起来最为气派的原因。三楼上屋面做了露台，但这不是立面的中断而是延续：露台中另起一个半弧形外廊与主房相连，与下面横平竖直的立面效果相对应，有着线条形态与空间错落的变化。

两厢镶嵌在墙体上的窗户造型与装饰，特别讲究。与门廊廊柱对应，窗套的设计也是四柱三开间式，一楼采用圆拱柱式，二楼窗户采用尖拱柱式，柱身与柱头采用类似人体曲线的造型，丰润细腻，婀娜有致。而这些浅白色的窗套造型，在沉红的砖色背景衬托下，分外鲜明、立体、富有质感。而这上下左右四个窗套与两厢砖红，又衬托了中间雪白的水刷石门廊，整个立面，无论从色彩对比还是空间造型上看，都别具韵味。

忠权楼至临街一面，是偌大一片庭园。十余级台阶分做以平台相接的两层段落通向正入口处，如此延长了石阶的斜面长度，与正楼高耸的垂直面构成合乎比例的三角支撑，不致使整体建筑头重脚轻有倒伏之感，可见其用心之至。当庭一株百年玉兰树，绿荫香泽满庭。而与之相称的是，杨家园的三个门楼都十分精致，且各有风味。其中，忠权楼的门楼又是最上乘的。门楼采用古罗马建筑经典拱券柱式，拱券四周内外一共八根小柱子，由科林斯式演化而来，外

忠权楼的精美窗套

立面上的四根呈对称式次递内收，与券洞连成一体。券洞内有石阶自下而上，在视角上强调了券门的纵深感；而拱顶在券门中的使用，使小小的门楼空间高阔。柱身的上半部与柱头连在一起的饰纹十分别致，尤如身着V领花边衣衫的人体，彬彬而立。门顶盾形山花上春草翻卷的浮雕，立在两旁门肩上的锥形花苞雕塑，它们与内庭建筑物立

杨家园门楼之一

面上的所有装饰线条、花饰的风格十分一致，遥相呼应，让整体看上去不失平整谨严的建筑物，散发出迷人的巴洛克艺术风味与文艺复兴的浪漫气息。

　　杨家园还特别为人称道的是它自有一套供水系统。在还没有

自来水的时代，鼓浪屿日用水只能靠外运或地下泉。故大多人家都在前庭后院掘有水井，用以饮食清洁、消防浇灌等，偌大一个杨家园，亦不另外。只不过，除了挖井外，园主还设计了可贮雨水、废水的渠道，分门别类，让不同水源有不同用途，科学、环保、生态，堪称今日绿色生活之前锋。

容谷

沿着海边的鹿礁路一直走到漳州路，右手边有一片高地，谓升旗山。在复兴路口一侧，有一不起眼小巷口，若探头一瞧，是一条陡峭狭长的石阶巷道，两壁爬满青藤，顶上树影婆娑，幽深莫测。登阶往上，至顶转弯处才发现迎面竟有偌大一门，门上铸有偌大"容谷"二字，才惊觉这就是号称"木材大王"的菲律宾华侨巨商李清泉的别墅，现编门牌旗山路7号。

李清泉原籍晋江，1888年出生，少时曾就读厦门同文书院，也许就此埋下他日后在厦鼓两岸从事房地产业的因缘吧。1901年，少年李清泉随父到菲律宾学经商，18岁从其父手中接过"成美木厂"，恰其时得机械化生产之助，且经营有方，发家有道，终成菲律宾一代木材大工。1925年前后，李清泉携资从菲律宾回厦，投资创办"李民兴置业公司"，大兴市政工程与房地产开发，如今中山路、虎头山及附近许多沿街建筑，仍为当时李氏公司之手笔。

本身从事木材业、房地产业的老板李清泉，在鼓浪屿近海坡地上，拥有一块既清幽雅静又能居高临下，尽揽厦鼓两岸风光入怀的地方来营造安居之所，也是顺理成章的了。1926年，李清泉在升旗山山麓购得此地块，开始建造"容谷"。

"容谷"之名，据说取自大门旁的古榕树，大多以为容为榕之误。其实不然。此宅固然有榕，但若真以榕命名之，景倒是对的，

容谷的洋楼与庭中西洋喷水池

却不免太坐实，无甚余味。看到实景，才知此名自有玄机：在入口通向中庭之间，有两列山岩壁立对峙，间夹一石阶甬道，有隘谷深深庭院深深之感。"谷"阶尽处，两株白茶花树之间，深色鹅卵石镶嵌的 1926 字样，布在杂花碎石地面上，标志建筑的年代。及未出花径，眼前乍亮，西式喷水池构成明媚宽朗的中庭，五棵笔直参天的南洋杉，带出背景般气势轩昂的楼房。才刚深谷密丛，现即豁然开朗，是先抑后扬手法，更体现虚怀为谷，有容乃大之意境。故容与谷相生，相映成趣，不仅有

容谷大楼正立面局部

文字的张力，更有意象的张力。当然，因"谷"所具有的山野清气，常成为红尘富贵中人自诩的雅趣，怕也是中国独有的文化一相。

该建筑南北朝向，建在一个由1.75米高青石垒起的台基上，地上3层，占地面积约600平方米，全清水红砖顺砌。主体平面呈近正方形，为中轴对称式，前部三面带凸出外廊，东侧后部挑出部分作杂用附属房，至第三层后部有一冂型露台。建筑的四个立面都别具特色，与功能区分对应，规整中又富有变化。

正立面为五开间布局，檐前正中凸出部位为一、二层通高巨柱式门廊，四柱三开间，中间跨大于两旁跨度以强调正入口。门廊中央与双向集中式台阶相接，两旁柱间以混凝土雕花护栏围接。四根圆形巨柱的柱础，不是立在地面上，而是立在间隔护栏的四个栏墩上，使直线凹槽、涡卷花托的经典爱奥尼克柱式，艺术品般完美呈现，更撑起建筑的轩昂华贵。而更别致的是，在位于门廊内侧券拱门上方的第二层入口处，伸出一个极具巴洛克风味的雕花栏杆小阳台。第三层的外廊，廊柱单、双柱并举，其柱式与上下左右的廊柱及阳台、女儿墙等透空栏杆花式，构成一个层层叠叠、繁复精美、相互呼应的整体。整幢墙体使用清水红砖全顺砌法，白灰密缝，沉红的色泽配上洁白的廊柱、栏杆、女儿墙、门套、窗套以及区分层间与开间的纵横线条，其质感、层次感与色彩的对比感都十分鲜明。在巷回路转花木迷离间，忽见此高大醒目的楼宇，于静谧中浮现，恍若梦境。

此为谷中"大楼"，大楼左侧另筑有一"小楼"，据传是专为李清泉夫人的姐姐而修建的。据说当初夫人能与李清泉缘结秦晋之好，还是托其姐的福：其姐嫁到李清泉老家晋江石圳村时，不忍将父母双亡的小妹独弃家中，故一直带在身边，还在其成年后为其做主婚嫁。如今妇助夫贵，自然不能忘了娘家亲姐恩，建此楼供姐栖居便是有福同享的意思。

谷中的园林建筑及布局也颇具匠心。迎门两侧谷壁之上皆有亭翼然，式样独特别致。左边一个为六柱六边六角攒尖顶，装饰构件似仿茅屋竹篱，疏朗简约，内外上下爬满青藤，田园之风扑面而来。右边一个则为八柱八边八角

容谷大楼侧立面局部

竹篱草亭，容谷也有大观园里的稻香村情结。

重檐四边四角攒尖顶，檐下花罩，柱间栏杆，周边散落的石桌、石椅、石凳等，式样皆精致考究，一如亭内拱顶正中央附吸的那个金南瓜，以及瓜瓣上对趴的那两只活灵活现的壁虎，虽历经80余年新鲜如故。此亭不仅可供登高望远，纵览近景远色，且还与筑在西南角的鱼池，隔空对角构成一高一低，一凸一凹，一山一水的对比，蕴含着丰富的中国居住文化理念，而且也与位于中轴线上的纯西式楼房与中庭园池，又构成了一种鲜明的对比，从而也鲜明地体现了鼓浪屿式的折中主义建筑风格与审美品位。

李清泉经商有成，之外还参与政治，热心社会公益，平生担任过多种华侨社团职务，主要职务有从1919年起连任6届的马尼拉中华商会会长，抗战时期还亲任菲律宾华侨抗敌后援会会长，组织华侨支持祖国抗战。然天不假年，1940年李清泉因病逝世于美国，终年52岁，唯有身后留下的容谷，至今仍在鼓浪屿上持续散发着主人壮年的辉煌与魅力。

第二辑

鹿礁路外领馆舍区

在鼓浪屿轮渡码头广场的中心，有棵大榕树。大榕树后有一坡地，谓鹿礁顶。沿鹿礁顶周边环绕的小道，就是鹿礁路。因此地靠近码头，不仅水陆交通出入方便，隔海观景也是近水楼台。可以想见，最早登岛而来的洋人，一定是最先选择这个地方来开发居住。据说 1844 年末出现在鹿礁顶上的英式乡村别墅，是鼓浪屿上第一栋西式建筑，主人为英国驻厦门的第二任领事阿礼国。那时，鹿礁周遭还是一片风吼海啸，枯草萧瑟的蛮荒之地，它的出现，不仅意味着英国人对鼓浪屿的捷足先登，还意味它将引领西方建筑的浪潮，在此地的鱼贯登场。

应该说，此地是鼓浪屿最早形成的外交使馆区，是岛上洋人建筑较为密集的区域。

英国领事馆，位于鹿礁顶上，1869 年落成。该建筑坐西南朝东北，居高临海，两岸水路，对岸风光，皆尽收眼底。地上主楼 2 层，配楼 1 层，地下 1 层，砖木结构，建筑面积 616 平方米。建筑平面呈二个矩形错位组合，在建筑前部形成 L 形前庭，两翼

最早立于鹿礁顶上的英国领事馆

鹿礁顶上英领馆今貌

分别辟有入口通往内部。位于长翼上的一层平房，其内部空间沿中轴线左右对称，前门通过过道、大厅直达后门，后门外中轴线上为小庭院，两边仍为用房。屋顶四坡落水，立面一色红砖清水墙，一层门窗皆为拱券式造型。特别是在檐口、阳角柱、门楣、窗楣等处，利用砖与石在材质颜色上的差异，施行不同的砌法，构成点、面上的多样组合与对比，装饰效果突出。整个建筑平面布局灵活，在空间上追求变化，在外形上又追求对称，立面装饰简洁精细，立体感强，有一种变化而又均衡的美。

1887年，英领事为纪念维多利亚女王即位50周年，在英国领事馆楼前建有一座狮形装饰的纪念碑，碑侧立一旗杆。不过这一切，都已留给历史的记忆。现编门牌鹿礁路14号的三层楼房，是上世纪末在原址上仿原楼风格建造的，现为鼓浪屿管委会所在。当你从其右的古榕下拾阶而上，或从其左的古木棉边踏阶而下，看到隐约闪现在高处榕须拂地或花影撩天的楼房时，纵然人去物非，时过境迁，犹自若见风云翻卷荣辱皆惊的鼓浪屿往事。

日本领事馆，现编门牌鹿礁路24号至28号，离英领馆仅一箭之地，翼角可望。建于1897年的日本领事新馆，据说当时日本方面还曾就此专文批复，授意该建筑选址不仅要离海边栈桥不远，还要靠近英国领事馆，现在看起来这个所在的确是严格按照此指令实行的。该建筑四围设有连拱券柱式外廊，双柱桁架，楼顶女儿墙与外廊护栏，采用的却是本土烧制的红陶宝瓶状透空栏杆，这是维多利亚时代英式建筑的堂皇高轩，与中国式古朴典雅的折中。1928年，日本领事在其馆右侧又建造两幢红砖楼，以做日本警署及其公寓所用，其中28号楼为典型的日本明治维新后的和式现代建筑。

该建筑坐东南朝西北，地上2层，地下1层，建筑面积785

厚墙窄窗的现代日式建筑

日本领事馆正立面局部

平方米，砖石结构。主体平面大致呈长矩形，内部空间沿中轴线左右对称，分布过厅及各功能房间。正立面呈三大开间式，中轴对称，正中微凸部位一楼设三个拱形门，中间高大两边稍小。与此对应，二楼正中拱形门，两旁拱形长窗，门前设有带本土绿釉陶制宝瓶透空栏杆的小阳台，兼做一楼大门顶上的雨篷。左右两边立面，各有三列看上去状若二层通高的拱型长窗，如此突出了主立面，强调了正入口。此建筑典型特征就是全部用清水红砖饰面，墙体厚实，窗户窄长，封闭性强，这样的设计显然有利于保暖御寒，可见是从处于高纬度的日本本国原封进口的，与处于近热带地区的鼓浪屿建筑，通常所采用的宽廊敞窗结构，显然大相径庭。但也由此它成为东洋建筑在鼓浪屿建筑中独一无二的类型。该建筑的地下室曾用作监狱刑室，壁上犹存抗日志士的留言与血迹，现为厦门大学教工宿舍，也算从造孽走向造福。

西班牙领事馆，现编门牌鹿礁路34号，1852年，与天主教堂相邻，现为养老院。

从原英领事馆侧旁的木棉树石阶下来，就与绕过这里的鹿礁路交汇。对过沿街一带，据说当年是德国籍职员侨民聚居所在，现编门牌鹿礁路12号至18号。这一带高墙绵延，只见绚烂至极的扶桑、紫丁香、鸡蛋花、灯笼花，一簇簇、一串串，随着藤蔓一直披挂到墙外来。墙内依稀露出一粉蓝墙体，洁白门窗，红瓦四坡顶，双角楼边厢夹外廊的洋楼，这里已变身为闻名遐迩的娜娅家庭旅馆，楼下经营咖啡西餐，楼上是家居房舍。庭院里花木扶疏，随置用原木或铁艺打造的桌椅凳几，室内装饰得浓绿沉红，有着洛可可艺术华丽奢靡的情调。这样极富风情的地方，自然成为旅友们的最爱，在网上很受热捧。18号则辟为国际青年旅舍，它的欧式建筑、原木家具与古式吊灯，无一不显现德国品味，让人足不出鼓浪屿，也能领略到德国家居文化的风致。

最早形成的外领馆舍区鹿礁顶

田尾路洋人馆舍区

　　鼓浪屿东南临海一角上，在西北向与港仔后路，东北向与漳州路毗连的田尾路上，有片1949年后作为省干部休养所，1980年后更名为观海园的园区。园区内的四围地形，很符中国传统的堪舆之说，即后有靠，前有通，左有青龙，右有白虎，是传说中的风水宝地。洋人虽不通中国风水，但却有眼识珠，他们连建带修，先后在此出现了一批跨越20世纪前后几十年间的建筑。它们

田尾路洋人馆舍

乐群楼正入口

所属不同的主人，不同的功用以及不同的建筑风格，也集中地反映了鼓浪屿曾有的殖民历史，以及作为万国建筑的经典印迹。

　　乐群楼，别称万国俱乐部，位于观海园东北面的"青龙"半坡上，建于20世纪20年代，是为满足当年驻鼓外领事馆人员、海关、商行等各洋人机构的老板、职员的娱乐需求而建造的，现编门牌田尾路18号。乐群楼内设酒吧、舞池、台球室、阅览室、保龄球室、会谈室、餐厅等，附设露天板球场、网球场等，功能齐全，是当时岛上规模最大、设备最完善，也是最时尚的娱乐交际场所。该建筑依坡势坐东北朝西南，地上2层，地下1层，砖石结构，外墙刷以白灰。建筑主体平面呈矩形，后方两旁各有长条形附属建筑。主入口处位于建筑中心右侧，为一建在多级台阶上的半圆形双层大阳廊，堂皇而秀丽，醒目地突出于两旁立面平整的宽窗敞廊之中，特别强调了该建筑的功能属性。屋顶设计对应内部空间，亦呈不对称的一正一顺两个四坡变形式。一正对应

毓德女学堂

檐前右侧半圆形大阳廊，一顺对应左侧矩形墙面，主次分明。阳廊正门外筑有多级带有休息平台的石阶，直通坡下。白色的建筑，映衬于前后左右高大浓绿的石栗树与玉兰树树影间，鲜丽而宁静，有一种奇特的蛊惑感。

田尾女学堂，位于乐群楼东侧旁，现编门牌田尾路14号。1840年后，国外各宗教势力为了在鼓浪屿上更好地传教，先后办过近20所学校。田尾女学堂约建于19世纪70年代，为美国归正教筹资所建，成为当时福建省颇具规模的少数几所女学堂之一。该建筑坐东北朝西南，地上2层，砖木结构。建筑平面主体成山形，中轴对称式，后部形成半开放式内庭院。正立面上下二层都以连拱券柱廊装饰，为强调正入口处，正中突出部位，以尺度大小不等的连券拱相间来区分，同样的材质，同样的造型，因之而产生富有变化的律动感与透视感。而最特别之处是，整栋建筑所

大北电报局

有部位与部件，都以红砖密缝勾勒而成，即使是廊柱间的菱形透空花式栏板，也是以红砖砌就。整栋建筑从大处看去沉稳端正，从小处着眼则精致雅洁，很符合女学堂的建筑身份。

大北电报局，位于观海园南面临海边上，1869年，丹麦王国在鼓浪屿设立领事馆，大北公司随之进驻，于此地筑屋，作为电报房。该建筑倚北朝南，地上1层，地下1层，砖石结构，平面呈规整矩形，筑在以青石垒起的地下层基座上，平顶。檐前檐后立面皆为连拱券柱外廊造型，呈奇数七开间，柱间以镂空花栏连接，正中入口通台阶。整体立面包括拱券柱体等一概以白灰抹面，不事雕琢，通体平整洁白，古朴明丽，在水蓝蓝的海天与绿树映衬下，颇具地中海建筑风情，故虽然建筑体量不大，却十分醒目。当然，它承载着150多年前外国资本如何进入鼓浪屿运作的历史，则更为触目。

观海别墅，位于大北电报局左前方伸向海中的尖岬上，建于1918年，原为大北公司经理公寓。它不仅与大北电报局仅一箭之遥，极为方便主人的工作生活起居，地理位置更是独有，是所有观海园区里真正与海近在咫尺的建筑。1920年，该别墅为印尼归侨房产大亨黄奕住所购得并重新翻造，更其名为观海别墅，沿用至今，现编门牌田尾路17号。

该别墅东、西、南三面环海，占地面积7000多平方米，主入口设在东面，西面设有一小码头与栈桥，沿海边是大片绿地花园，筑有观海台、游戏迷宫等。主体建筑坐北朝南，现为地上1层、地下1层，砖石结构，建筑面积835平方米，筑在以条石垒起的兼做地下层的台基上。平面依地形设计为T形，中心为主用房，两翼为附属用房。四面以连券拱廊环绕，海色天光，长风直入，十分通透。正立面为四柱三开间，每一开间又做成两窄拱券护一宽拱券造型，富有律动与变化。左右廊柱间以透空栏杆相

观海别墅外观

观海别墅长廊内部

连，中间门面开阔，直通阶下海边绿地，强调了正入口处。屋顶对应内部空间设计，中间为四坡顶，四围平顶。红色屋面，纯白连券大拱长廊，透视感极强，在蓝天蓝海映衬下，既素朴又耀眼，有明亮简洁敦实的地中海建筑风味。

生活俭朴不忘根本的黄奕住，却以闽南人有钱盖大厝的习性，倾心打造黄家花园与观海别墅。这二座建筑无论是所在地理方位还是建筑品位，不仅是黄家房产的双璧，也是鼓浪屿建筑余响至今的名筑。

吡吐庐，位于鼓浪屿石磹顶上，正是观海园区"白虎"一脉所在。它居高临下，西南面可远眺金带水海域涌金烁银，北面可近观日光岩南麓风情万种，而港仔后浴场与后建的菽庄花园，更成了它俯瞰无余的风景。

83

1919年的菽庄花园及其背景上的吡吐庐

如今菽庄花园的背景是在吡吐庐原址上建起的海上花园酒店

这样的地理位置，即便是在风光处处的鼓浪屿上，也是得天独厚的。此庐最早建于1861年，属主为一爱尔兰籍船长，因取名Beach House（海滨之屋），而音传为吥吐庐。1865年，此庐转手易主，由厦门关税务司署购得并改建，作为税务司官邸。此后直至1949年，这里共住过44任税务司，因又称"税务司公馆"。该建筑南北向，地上2层，地下1层，砖石结构，主体平面呈矩形，东南向皆附有宽大外廊，一层为券拱，二层为平顶，跨度宽窄相间，廊柱间以红陶瓶状透空栏杆相连接，配上红色屋顶的以中央二坡与四围四坡的叠加效果，整栋建筑坐于以条石垒起的可充作防潮层的地下室基台上，既稳重大气，又典雅通透，是优美而实用的海边名筑。曾在20世纪初任厦门税务司的包罗塞西尔，在晚年回忆说，吥吐庐是他远东生涯中最让人留恋的住所。

1992年，因吥吐庐年久失修，中国海关总署收回后进行原址拆建，并更名海上花园酒店，现编门牌田尾路27号。海上花园酒店的建筑体量已远远超过吥吐庐，它蜿蜒盘踞了整个石磹顶，蔚为壮观。整片建筑以红白二色为主色调，地下1层，地上4至5层不等，砖混结构。平面由不同规格的矩形、半圆形、弧形等组合而成，主体建筑大约可分为四组。此建筑最大特色有三：一是各组主体建筑之间，以不同规格的连拱券廊相连接，使整个建筑群落既各自独立而又有机地联系在一起，若游龙戏水一般婉转于蓝海之上。二是与建筑内部功能

海上花园内迂回曲折的庭间廊道

空间相呼应，屋面也由多组二坡、三坡、四坡及平顶组合而成，在此基础上，各组又分别耸立起不同式样的一至三层不等的塔楼式屋顶，其中三个为四坡攒尖式，簇拥着位于中央的八边攒尖拱壳式屋顶，共同组成繁复多样的屋顶层次，并以此强调了建筑群的中心、主题与主入口处。三是结合建筑群各自部分的功能区域需要，设有各式庭院，甚至大小毗连套叠，空间高低错落，步廊走道阶梯层层迂回曲折，廊柱林立。行走其间，颇有古希腊神话中克里特岛迷宫之韵味，可见此建筑亦有爱琴海文化建筑之影子。故统观此设计理念，应该说秉承的也是折中主义风格。

与此"白虎"遥相呼应的东面"青龙"一脉，亦有两座并踞于顶的建筑物，曾为当年**副税务司公馆**。两幢建筑虽不在同时建造，但格局与风格十分相似，皆为东西向，地上2层，通体以清水红砖砌就，而雪白的外廊廊柱，栏杆压条，额枋檐口，把原本

昔日副税务司公馆

素朴无华的建筑，勾勒得十分富有质感，对比强烈。其格调与周遭自然环境相映衬，也是行家眼里的上佳作品。

美国领事馆

从鼓浪屿码头上岸，沿右海边的延平路一直走，走到与三丘田码头交汇的地方，往左边高处看，就看到这幢独踞一方的建筑，从油绿的林木花丛中崭露而出，这就是原美国驻厦门领事馆，现编门牌三明路 26 号。

据史料载，美国早于 1844 年就在鼓浪屿上设立"交通邮政办事处"，并代行领事事务。1865 年，美国正式改办事处为驻厦领事馆，将办公地点从田尾球埔边，迁至三和路即三明路现址。1930 年，在鼓浪屿建筑的一派热潮中，美国领事馆也决定推倒旧楼，在原址上修建今天可以看到的这幢在鼓浪屿寸土寸金的沿海路带上，占地宽阔，视野宽广，派头十足的楼房。

该建筑坐西朝东偏北，正对厦鼓之间浪涌潮平舟楫如梭的鹭江。地上 2 层，地下 1 层，建筑面积 1020 平方米，砖混结构。建筑平面呈凹字形，平部朝东偏北向，凹部于后。在东南两向设有外廊，立面装饰重点也在于此两面，其装饰效果都可使之作为建筑主入口，这是与其他建筑大有迥异的地方。朝东偏北向的长边一面，为两厢夹一外廊结构，共六柱五开间，中间设有入口处。与此相呼应的屋顶立面，是由分布两旁的两坡屋面构成的小三角山墙，夹一长长的水平坡面屋顶构成。朝东偏南短边一面的外廊，呈中央微凸的四柱三开间，中间设有入口，与此相呼应的屋顶立面，则是由正中两坡屋顶构成的大三角山墙，与分布两旁的水平坡面屋顶构成，这恰好与东北面的屋顶立面，看似一统却含有巧妙的对应与变化。

该建筑最为人乐道的是，它也创造了鼓浪屿建筑中独一无二的柱头花式。两面外廊所处的立面中心位置与其体量，使廊柱成为最引人注目的装饰。廊柱为圆柱体，柱身粗壮光洁，二层通高，成排列立，气势十足。柱头是在经典的科林斯柱式基础上，进行别具一格的创新。科林斯式柱头的主要特征，是以毛茛叶的层叠交错环绕作为装饰的，而美领馆的柱头装饰，第一层是以整齐丰润的毛茛叶作为环绕，第二层则是以整齐修长的百合花叶作为环绕，两层花梢齐齐外翻，又像层层涌起的浪花，齐齐托住水平线上的额枋与檐口，清丽别致，又疏朗大方，不仅十分担得起这个在整个建筑立面上唯一出现的花饰分量，与整个建筑风格融为一体，而且还画龙点睛般地为整个建筑增添了优雅唯美的气质。

　　在色彩组合方面，整个屋檐结构，包括三面五

原美国领事馆外观

个三角形大山墙，檐口，檐壁与额枋部分；整个基座结构，包括台阶、阶台、墙脚部分；整个柱廊部分，包括廊柱与廊内墙体，全部以雪白水刷石

美国领事馆别出一枝的廊柱柱头花式

装饰，其余部分则为清水红砖，这使得整个建筑上下及中央轮廓得以突现，整体色彩明丽和谐，线条明快流畅，端庄不失秀美，考究不失大气。加以该建筑立于台地之上，有集中式双向步阶沿坡面砌筑而上，在通高廊柱与三角屋顶向上感的作用下，更显得建筑物高轩而巍峨，行家认为该建筑为较纯粹的折中主义美国式建筑。

美国领事馆是鼓浪屿上最早出现的领事馆之一，历经同治、光绪、宣统三朝及民国时期，于1948年闭馆。1949年后，该建筑由厦门市人民政府代管，其用途亦几经变更。今天，它的最新用途拟变为中国美术馆分馆。从政治到商业到艺术，应该说是这幢具有唯美且大气风格的建筑物，最富有戏剧性的但也是最理想的归宿。

汇丰公馆

沿着位于笔架山南麓的鼓新路往北走，足下路径时陡时缓，隐约间只觉前方高处有山屏阻，天色倏然间也暗了几分。举头一望，就望见出乎意料的悬崖，在不可思议的地方与高度上壁立。更不可思议的是，就在如此峻峭的悬崖顶上，居然还施施然卧有

一处红顶粉墙的建筑，这就是在鼓浪屿建筑史上不能不提到的"汇丰公馆"，一如它所占据的不能不看到的显赫位置。

该建筑建于1876年，距今130多年，现编门牌鼓新路57号。该建筑几经转手后，为当时"香港上海银行"即"汇丰银行"所得，作为行长公馆，故有此名。汇丰银行创办于1864年，1873年在厦门设立分行，是最早进入厦门的全英资对华贸易与金融机构，也是最早经营东南亚各国侨汇的银行，无论是从进入厦门的时间还是所经营的业务，都比中国本土"大清银行"还早30多年。汇丰银行的捷足先登，使这块不可复制的绝顶也成为其囊中之物。选此地点作为居所，可谓占尽厦鼓两岸天光海色，于其可窥当年英国人在岛上独霸一方的气性与显赫势力，当然亦

悬崖上的汇丰公馆

可见其对居所品质的爱好与追求。

　　该建筑由英国设计师设计，中国工人施工。地上1层，半地下1层，建筑面积约400平方米，砖石结构。建筑基地完全按照崖顶地形大致呈三角形状，并根据地势之间的高差，筑有局部地下层。这种处理地基的方法，特别符合鼓浪屿本土岛情，起到一举多能的作用：一是鼓浪屿地处亚热带，雨水充沛，常年湿润，地下层可起隔湿防潮作用；二是可作为杂用间使用，扩大实用面积；三是可作为建筑基座，起着抬高建筑主体的作用，增强西洋建筑追求轩昂气派的立面效果；四是鼓浪屿作为岩溶性地貌，在产生奇峭风景的同时也几乎"地无三尺平"，地下层可以既灵活又隐蔽地起到找平地基的作用。鼓浪屿上凡建于山麓坡地上的建筑，都筑有此类半地下层。该建筑的基桩直接打入岩石中，以此方法在悬崖顶上生生打造出一个可供建筑空中楼阁的平台。

　　该建筑平面由一个T形与二个矩形契合组成。屋面与此对应，分别由数个四坡顶、三坡顶、平顶锲合而成。根据建筑基地三面临崖的地形特点，特别设计了三面环崖的外廊作为观景休闲区，并且在房屋墙体上也间以玻璃镶嵌的大窗户，长风直入可对流，四面开轩可观景。该建筑设有三个出入口，因地形地势而设在不同方位不同高差上，与不同部位相通，十分灵便而别有意趣。在立面装饰上，西方古典复兴建筑的三段式已被明显运用于此，青石垒砌勒脚，混凝土白垩墙体与红瓦坡顶的檐部。而最具特色的是廊柱柱式，青石打造的圆盘状柱础，特制的弧形红砖清水顺砌而成的圆形柱身，混凝土雕塑的沿圆周亭亭排立的水仙叶形柱头，加上绿釉琉璃宝瓶状透空栏杆，这些装饰元素突显了该建筑的中西合璧。

　　总之，该建筑从布局到结构，从用材到工艺，无不透露出这么一种奇特的组合，它既严谨对称又自由灵活，既现代质感又充满古典风韵，既洋气十足又有本土风味。该建筑从其建筑元素、手法、材料、构件到其理念、风格，无疑都鲜明地、集中地体现了是西方折中主义建筑思潮在鼓浪屿上的发萌。但同时，折中主义并不是一种固定的模式，它本身即是以无所不在的摄取与糅合而存在的。鼓浪屿建筑既是其体现者，更是其创造者，它创造了一种属于鼓浪屿式的折中主义，由此而汇入世界性的折中主义艺术思潮与建筑风格之中。

具有强烈透视感的宽大外廊与琉璃栏杆，具有强烈光感的大面积玻璃窗与金属护栏，它们在半空中或于日照下闪闪发光，或于月色中晶莹剔透，汇丰公馆一如它曾有过的本土绰号"玻璃厝"。如果这是一种金钱与生活方式的炫耀，那么在这会当凌绝顶的去处，汇丰公馆无疑达到目的了。但更重要的是，由于该建筑是鼓浪屿从传统走向现代建筑过渡时期的发萌之作，在它出现之后的二三十年后，鼓浪屿迎来它的建筑高潮。可以想象，这个体量不大，但信息复杂的建筑，站在高高的悬崖之上，主观上也许是为了登高望远，但客观上却造成了一种强大的辐射，深远地影响了鼓浪屿近现代的建筑。它所出现各种折中元素与折中理念，都可以从后来的鼓浪屿建筑中看到它的投影。换而言之，它成为一种标本，给后来的鼓浪屿建筑带来一种迥异于传统的启示与启迪，尽管由于历史流变，它已不复原貌。

并且，汇丰公馆还以它显赫的位置，昭示了鼓浪屿建筑的一大特色景观，那就是在此岛上，崖有多高，绿荫就有多高；绿荫有多高，建筑就有多高。

福音堂与安献堂

在晃岩路与永春路交汇的"岩仔脚"，即日光岩的岩脚下，有一座百年前即已颇负盛名的建筑物，它就是"福音堂",现编门牌晃岩路 40 号。

1844 年,英国基督教传教士施约翰夫妇来到鼓浪屿,创办了隶属英国宗教团体的分支"伦敦差会",这是西方传教士最早在鼓浪屿出现并设立的团体之一。作为传道场所的福音堂,最先设在鼓浪屿和记崎,1880 年与同样来自英国基督教会分支的"长老会"合并后,迁到鸡母山山口新建的礼拜堂,即被命名为"杜嘉德纪念堂"的所在。但此地蚁患严重,纪念堂建成后渐被蚁蚀而不能使用。据《闽南伦敦会基督教史》记载,1901 年,由厦门泰山、关隘内两堂联合发起提议,借伦敦差会之名义,在岩仔脚这个地方,代购一块地,由华人教友自筹资金(洋人捐助一小部分)开建教堂,并于 1903 年落成。福音堂自建成后,到三一教堂出现前的30 年间,一直是鼓浪屿上规模最大,名声最大,影响也最大的基督教传教与活动场所。

该建筑坐北偏西朝南偏东,地上 1 层,建设面积约 430 平方

福音堂

米，砖石建构，整体建在一个由棕红色石块筑起的台基上，平面几近正方形。内部空间的大厅，由古罗马的一种公共建筑形式巴西利卡式演化而来。巴西利卡这个词来源于希腊语，原意是"王者之厅"，拉丁语的全名是 basilica domus。其特点是平面呈矩形，由纵向柱列分为几部分，中间主厅部分较高较宽，两旁侧厅部分较低较窄，外侧有一圈柱廊，主入口在长边，短边有耳室，采用条形拱券作屋顶。后来的教堂建筑沿用了这种形制来建造，但把主入口改在了短边。该建筑即由两排纵向柱列把大厅划分为三个部分，正对门的后部设有祭坛，前门设有门廊。正立面采用横竖三段式处理手法，横三段的底层由门前石阶与台基构成，中间由建筑主体的半混水白石墙体构成，顶层由屋顶、檐口、檐壁等装饰构成。竖三段由中间段正入口的柱廊部分，与其左右两旁开有窗户的墙体部分构成。

门廊由四根浅灰色方柱划分为三间开，门廊上方由檐口线脚把硬山山墙分成上下两个部分。下部矩形墙壁部分上嵌有金色"福音堂"大字，上部三角形墙壁部分正中嵌有标志基督的符号金色十字。门廊左右对称的墙体上各开有两扇长窗，弧匾形窗楣用的是与廊柱同样的浅灰色调。由于窗楣被设计成不与窗框连接在一起形态，使之产生出一种有趣的漂浮感。

此建筑最具巧妙与特色的是其屋顶结构，它由中间较高宽的和两侧较低窄的一共三个在不同水面上的两坡顶组成，既解决了屋顶的单一性，又巧妙地突出了建筑主题与风格，其山墙不仅与竖三段处理的正立面造型相对应，又显示出了建筑物内在的空间结构关系。而位于两侧山墙上的棕红色缠枝花卉装饰，一是从形态上烘托了位于正中高处的堂会标志，强调了建筑中心与主入口处；二是从色彩上与建筑底部的棕红色基座，构成了优美的呼应，使素面洁颜的主体建筑，也画龙点睛般生动起来。整个建筑沉稳大气，雅洁有序，又富有人情味与圣洁感。

位于鸡母山西坡的安献堂

　　在鼓浪屿鸡母山西侧山坡上，还有一座颇为著名的宗教建筑物，名"安献堂"，由美国安息日会传道士安德纯牧师夫妇于1934年所主持建造，现编门牌鸡山路18号。该楼坐北朝南，地上三层，是岛上唯一以本地花岗岩条石砌成的全石构建筑，建筑面积约1005平方米，建筑平面为一字形封闭式内廊布局，沿中轴左右对称。建筑正立面中心入口处以双向集中式大台阶、四根两层通高圆柱托起三角形山花门廊屋顶为重点装饰，平添壮观感。屋顶为平顶式，四周筑以高1米的石砌锯齿状女儿墙。受当时欧洲新建筑的影响，该建筑注重实用功能与结构，立面处理简洁洗练，风格稳重大方，是既有闽南地域建材特点又有美国大楼风格的建筑。

天主堂

　　在鼓浪屿鹿礁路与福建路之间的地块，是鼓浪屿经典老建筑最密集的地方，也是建筑风格与功能最多样的地方。从海口的鹿礁路往里走，拐过原日本领事馆旁的大榕树，就是原西班牙领事馆，而与其毗邻的那座白得耀眼的建筑物，便是鼓浪屿天主教堂，现编门牌鹿礁路34号，是目前厦门异果仅存的哥特式教堂建筑。

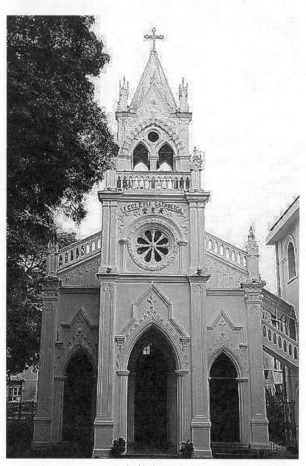

天主教堂正立面

　　天主教在厦门传教的历史，可追溯到明万历年间。1840年后，其传教足迹始上鼓浪屿，对后来岛上宗教文化的形成深有影响。1912年，西班牙多明我会传教士马守仁被罗马教廷任命为厦门教区主教，由于教徒日众，他便立意专门修建一座建筑，以做主教座堂，堂址

天主堂内部

就选在紧邻西班牙领事馆西侧的旷地上。该堂延请西班牙建筑师设计，本土林姓工头承建，于1917年落成，从此鼓浪屿便有了一座宗教气息与艺术气息交相辉映的美丽建筑。

该建筑坐西北朝东南，地上1层，局部2至4层，砖木结构，建筑面积约288平方米，为典型的哥特式单钟楼教堂即一堂一塔式组合建筑。平面布局前凸部分为方形，中部为细长方形，后部为半圆形，整个建筑外墙都饰以纯白色水刷石面，在光影之下，通体洁白。

该建筑教堂内部空间采取典型的罗马教堂形制，即巴西利卡式，依制把主入口从长边改在短边，突出了建筑主体向上的高耸

天主堂侧立面局部

感。大厅分为圣坛与礼拜厅两部分，礼拜厅由两排列柱纵分为三部分，中间的主厅较宽较高，侧厅较窄较低，可容纳200人左右。圣坛位于大门相对的另一方，为半圆形穹顶所覆盖，中殿列柱的透视效果把视线引向圣坛，因此内部空间在视觉上会比实际更深远。圣坛中央供奉耶稣像，两边各有一个小祭台。与此对应的弧壁背景上，嵌有三扇高高的尖拱窗，永恒的天光从那里集束而下，尤如圣启自天外而来，既神秘又神圣。教堂的柱子断面为梅花状，柱头为爱奥尼克式涡卷，柱列之间拱券相连。而横跨两柱间的屋顶则采用尖肋拱顶，即一个单元的拱顶，由两条在柱墩之间相交的对角配箍肋筋分割成四个部分，中殿一共有四个这样的尖肋拱顶成纵向排列，金色的交叉筋线与蓝绿色拱顶，既金碧辉煌又恬静深远，引人视线向前至圣堂，向上至天堂。这种屋顶结构与装饰，是哥特式教堂建筑的最主要特征，与位于哥特式建筑发源地的法国圣礼拜堂，圣德尼修道院教堂，以及德国的科隆大教堂如出一辙。与四个单元穹顶相对应的两边墙体，分别开有八个镶有彩绘玻璃的尖顶窗，在尖顶窗框之内，又包有两尖一圆的几何图形，这是早期哥特式窗饰的主要特征。由于采用了尖拱尖券、高窗彩玻等装饰元素，使整个教堂内部空间显得高旷深远、富丽堂皇而不失神秘。

教堂正立面为四柱三开间，正中大开间凸出部分为塔楼，呈正方形，上下共4层。第一层起门廊作用，四面四柱四门，阳角柱为爱奥尼式，门套装饰为多立克柱式与拱券组合，三面外通庭院，一面通堂内大厅，透视感极强。第二层为歌经楼，立面两对双列柱之间嵌有象征天堂的玫瑰花大圆窗，此为天主教堂的标志性装饰，亦为建筑物焦点中心。它由圆窗中央的实心玫瑰花，朝外辐射八条镂空花瓣，并衬以彩绘玻璃，环以繁花浮雕而成。窗楣上花匾中央镌有中文"天主堂"三字，覆其上方的弧匾上则镌有意为教会教堂的ECCLESIA CATHOLICA字样。第三层为塔台，塔台四角立有角柱，柱头皆为五丛火焰造型雕塑，柱体之间的女儿墙栏杆，采用经典的罗马连列尖券柱式，不仅小巧精美，且别出心裁。塔台女儿墙内又立起正方形钟楼，四面开门，门中各套有两小门，亦皆为拱券柱式尖拱。第四层为角锥形塔顶，底座四角立柱与塔台四角立柱上下呼应，皆为五丛火焰形柱头造型。塔顶四边攒尖，斜峭而上的尖顶中心就是高高在上，俯视众生的

天主教堂正立面局部

十字架，标明了此建筑的身份与功能。

塔楼两翼对称开间的第一层立面，是与前庭门廊式样风格一致的大门，第二层为大厅两披屋面所形成的山墙。两边山墙上的浮雕壁饰，与其檐沿上的女儿墙，与正中塔台上女儿墙的栏杆式样一致，皆为连列小尖券柱式，如此一虚一实，在整齐划一的韵律中又暗含变化。斜向而上的两翼山墙屋顶，又与正中十字架塔楼构成对称式向上簇拥之势，同时还暗含着哥特式建筑最重要的外形特征飞扶壁的形状。不管装饰大处还是细部，都以尖券尖拱为主题，形成以大玫瑰圆窗为中心，楼上有楼，台上有台，柱上有柱，门中有门，窗中有窗，层层叠叠，递次上升，繁复精细的立面。而由大大小小高高低低柱体所突出的立面竖线，与尖券尖拱，尖门尖窗，柱尖塔尖的组合，无一不在强调建筑物的向上垂直感。故其楼虽不高，体量亦不大，但却在视觉上造成参差林立，巍峨耸天，仰之弥高之感。整个建筑既精致华美又洁白素净，既整齐对称又繁复多变，既鲜明地体现了哥特式建筑的艺术特征与美感，同时也以此形态鲜明地昭示了尘世通往天堂的宗教理念。

若还能从本土风物的世俗角度来审美的话，鼓浪屿的天主教堂，从后面看，很像头上插满花枝的小白鹿；而从正面看，则如振翅欲飞的小白鹭。

三一堂

安海路由北至南，永春路由东南向西北，笔山路由西北至东南穿过笔山洞，笔架山下形成一个三路交合的陆岛中心，这个方位也是鼓浪屿全岛的中心。三一堂正位于这中心点上，现编门牌安海路69号。

20世纪的20年代，随着鼓浪屿日渐繁华，厦门本岛居民迁

居鼓浪屿的亦与日俱增，其中部分人口即为基督教徒。鼓浪屿上
早年设置的礼拜场所，或因洋人专用，或因地方狭小，无法满足
后来增加的人口。教徒们要做礼拜，必要渡海往返于厦鼓之间，
若碰上台风或雾天，舟船停航，教徒们只能望海兴叹。如此，在
鼓浪屿上建一座大教堂，以供传教之需成为教会愿望。1928 年，
经由美国归正教派下的竹树堂执事朱鸿谟倡议，得到新街堂、厦
港堂众信徒的响应，三堂联手组成建堂筹备委员会。1934 年，诸
事齐备，筹委会于鼓浪屿岛中心的笔架山主峰下，择地开工。

　　教堂最初聘请留德华人林荣廷工程师设计，交由本土许春
草营造公司付诸施工。当地基挖好起建小半时，筹委会做现场巡
查，发觉建筑面积设计得不够大，与他们原先要建一个大教堂的
理想有差距。因当时设计者林荣廷不在国内，筹委会当机立断自

三一堂正立面外观

作主张将原设计向四围扩大十英尺，以便建成可容千人的大教堂。林荣廷回鼓浪屿发现此变动后，以原屋顶设计无法配适此改动而甩手不干，大教堂面临烂尾楼的危险，筹委会只好另寻高明，好在当初由荷兰来厦主持鹭江道筑堤工程的那位工程师还在（此人也是观彩楼的设计者与原主人）。这位工程师临危受命，按扩容后的建筑形制与规模，重新设计了一个与之匹配的大屋顶。

新屋顶设计得十分先进：它由一个依托在正方形大厅四角柱墩上的大钢架来支撑，使整个中央屋顶完全架空其上，大厅里没有了通常为支撑屋顶所设置的柱梁，视野无碍，通畅无阻，不仅内部空间更显高敞气派，而且十分符合公共场所活动的功能所需。不过，要打造这样一个大钢架，对当时的厦门铸造业来说，无论是在技术上还是工艺上都还无法做到。因此，这个大钢架是在香港订做后，再由海轮运到鼓浪屿上的。1938年，日军入侵厦门，工程暂停，未完工的教堂成为蜂拥而至的难民庇护所。1945年抗战胜利，教堂复工，室内吊顶与屋顶上的八角形钟楼始建成。1992年，教堂附属建筑牧师楼建成。2000年，教堂正门外小广场建成。至此，前后历时66年，三一堂才按原规划建造完毕，形成今天这个占地总面积2138平方米，总建筑面积1368平方米的福建省内最大礼拜堂。而其名"三一堂"，则内蕴巧妙，它即昭示了基督教的基本教义，即圣父、圣子、圣灵三位一体，又暗含教堂筹建者竹树堂、新街堂、厦港堂的三堂合一。三一堂的建造，让主也见证了厦鼓两岸教徒们的信心。

该建筑主体位于一个由半地下层筑起的台基上，坐北朝南，地上1层，局部2层，半地下1层，建筑面积886平方米，砖混结构。建筑平面呈经典"希腊十字"形，这种集中式建筑型制，源自于欧洲中世纪的拜占庭帝国，其特征为由中央穹隆与四面伸出的等长翼廊构成正十字形，与一短一长不等臂的"拉丁十字"相区别。拜占庭教堂建筑很好地解决了在方形平面上使用穹顶的结构和建筑形式问题，它的基本做法是在四个柱墩上沿方形平面的四边发券，在四个券之间砌以方形平面对角线为直径的穹顶，而为了进一步完善集中式型制的外部形象，一般会在与内部穹隆相对应的位置上，再筑以帆拱、鼓座、角楼或塔楼等，使得建筑物内外都有完整的集中式构图。当年那位来自荷兰的轶名工程师的做法是，用更先进的钢结构取代砖木结构的发券与穹顶，然后在与中央穹隆对应的屋面上，筑起一个八角楼，楼壁八面开窗，楼顶八角攒尖，尖顶为半圆形鼓座，鼓座上耸立象征基督教标志的红十字架。十字架是基督标志，教堂建筑型制本身也体现该教标志，设计手法简明洗炼，建筑形象鲜明突出，是建筑体现宗教思想与文化的典例。

三一堂侧立面外观

该建筑因遵循"希腊十字"集中式建筑型制，故其外观严谨对称，长宽各 26.64 米，四个立面基本一致。内部空间北面为讲坛，讲坛面对大厅的整面白壁中央悬挂红十字，体现基督新教不拜偶像的特点。东、西、南三面为入口，分别由翼廊两坡屋面构成的白色山墙装饰，成为入口标志。山墙下由四根方柱等分成三道大门，在红砖墙体的门楣上各嵌有一个白色圆盘，分书"三一堂"三字，简明而醒目。各入口两旁成锯齿状的立面墙体上，都开有一面长窗，窗楣为白色山尖形装饰，与大门上方的白色大山墙构成呼应。三面入口共 9 道大门，16 面长窗，使建筑内部空间有极佳的通气与采光，既出入无碍，又便于疏散，很适用于大型聚会活动。建筑整体立面采用横三段式处理，青白石台阶与台基为一个层次，大面积清水红砖墙体为一个层次，雪白的水刷石山墙与檐壁檐线为一个层次。红白大色块的对比组合，红色墙体与镶嵌其上的白色装饰线的对比组合，勾勒出建筑主体与部位的轮廓，十分醒目简洁与大气。

三一堂位于笔架山隧道前，踞山前山后交通要津，左右分披而下的安海路与永春路，似两条大动脉，纠集着鼓浪屿上如毛细血管般的阡陌巷道。当教堂的钟声响起，唱诗班的歌声飘出，人们从四面八方点点移聚而来的情景，真有主是好牧人，羔羊归圈的安宁与欢喜。三一堂在如此情景交融中，成为鼓浪屿建筑之一绝。

第三辑

番婆楼

　　看过杨家园精致的门楼，顺着安海路往南走，在一处并不起眼的拐角处，不期然间，就又撞到一座更为高大华美的门楼。眼睛不由自主顺着门道石阶往上探，一下就探到里端有座同样高大华美的楼宇，犹抱琵琶半遮面地在高岩后露出半壁，惊艳莫名。细究之下，才知此楼竟是大名鼎鼎的番婆楼，现编门牌安海路 36 号，建于 1927 年，楼主为原籍福建晋江的菲律宾侨商许经权。

　　番婆楼之得名始于许经权之母。传说许经权侍母至孝，他在南洋经商发财后，曾把老母亲接到身边朝夕侍奉。可惜许母不服南洋水土，朝思夕想的只是故国家园。恰好那年代南洋闽籍富商时髦回国到鼓浪屿置业，他便也采取了这么一个可谓一箭三雕的权宜之计：在鼓浪屿盖房，把母亲安置于此，既满足老母思乡之情，又便于自己往来省亲，考察商务，顺带还在鼓浪屿这个人间天堂拥有固定资产。及楼成，许母归来迁居其间，果然称心如愿，心满意足。福建沿海一带称海外皆为"番"，譬如无论从西洋东洋还是南洋来的物件，都要在其名前冠之以"番"，如番薯、番

105

番婆楼正立面外观

黍、番石榴、番仔等。一幢这么出跳的"番"楼，进出其间的女主又是正儿八经从南洋归来的，而且还沾染了南洋富家习气，吃穿打扮自不与本土妇人同，出穿金戴银，入绫罗绸缎，"番"味十足。这番婆绰号一旦被街坊邻居叫开了，番婆楼也就顺理成章。还有一说是，此名得自原塑于该建筑屋顶山花上的洋女人雕像，后来此装饰虽被台风刮没了，但名声却传下来了，这就属于建筑本身的逸闻了。

该建筑位于笔架山山麓间，坐东偏北朝西偏南，地上2层，地下1层，砖石结构。建筑平面呈矩形，前檐与两侧三向带外廊。在十分平整的矩形立面上，采用的是古罗马柱式的叠柱式与连拱券柱式的组合，上下二层八柱七开间呈奇数跨，中间跨稍大，下接台阶，以强调入口。柱式采用方形束柱，在高柱两侧附矮柱，券脚立在两侧矮柱的檐部上发券，上下二层共十四个连续拱券，造成一种华丽而气派的节奏与律动，主题效果强烈。如果说，券柱式连拱长廊的形态完全来自西洋风的话，那么柱体与廊面则洋溢着浓郁的本土气息：它们都以清水红砖白灰勾缝顺砌而成，拱顶使用竖砖与水刷石相间的砌法，鲜明地标示出拱券的弧线，在横平竖直的方正立面与重重叠叠的直线线脚中间，出现由曲线构成的拱券主题与空间，使整个立面立时变得刚柔相济，虚实相间，丰富妖娆。

柱头装饰则可成为"鼓浪屿混合式"的代表作，即以浅白色的混凝土在清水红砖白灰勾缝的方形柱体上，塑造出罗马混合式形态的但细节却充满中国意趣的柱头：它们不仅有爱奥尼克式优雅的涡卷，科林斯柱式华丽的毛茛叶，还有中国式的梅朵与麒麟。而更有意思的是，本土工匠似乎成心要在此柱头上，纵情挥洒自己的才艺，从中轴对称开去的每一对柱头花饰，都被雕塑得绝不类同。加之檐下廊楣、柱间额枋上浮雕的各式象征富贵吉祥的传统经典图案，如凤鸟衔瑞，金猴献桃，百花迎春，鱼戏龙珠等，

番婆楼局部

它们与连接柱间的琉璃宝瓶状透空栏杆一起，相间在红砖白缝构成的连拱柱廊立面中，造成一种靡丽古朴兼而有之，土风洋气交相映照的奇特效果。

古罗马拱券柱式的叠柱与连续拱券的组合并用，洛可可式装饰手法与中国传统工艺的结合所构成的前廊门面装饰，无疑是该建筑最大亮点，它既有实用性又有装饰性。莹白抹灰墙体的核心建筑，似乎被笼在这些历经岁月洗礼，依然沉红青碧的镂空花罩中，有种说不出的悠远情致。

该建筑本建于坡地上，地下层又抬高了建筑基地，使十六级石阶当庭楼前，呈八字状由宽渐窄，由低逐高，把视线从庭前一直引至高处门廊入口处，增加了向上纵伸前去的神秘感与尊贵感。与楼房建筑的富丽精致相匹配，番婆楼的庭院建筑也极具特色。许经权为娱乐其母，借盘踞在楼房正对面的山岩，拓之筑之成为一个别有意趣的戏台。也因此，番婆楼的正面外廊，都可变身为许母及内眷们足不出户便可看戏的戏楼。而更显其富贵逼人的是番婆楼拥有全岛首屈一指的门楼，它不仅高大轩昂，且装饰极为精雕细琢，繁缛奢华，纯属西欧洛可可风致；及进得院门来，迎面斑驳石阶，辗转而上，一边花台花影扶疏，一边花墙花窗琳琅，又纯属江南园林余香，中西合璧，真莫过于此。

古罗马建筑中最为创意也是最为标志性的成果，是券柱式在更大平面与立面空间上的使用发明，如拱券与柱式结合的拱券柱式，如在单柱基础上发明的束柱、叠柱、列柱与连续拱券等，该建筑集中使用了这些充满意大利文艺复兴时期古典主义气息浓厚的建筑元素，但在其细节上，又处处体现本土民间装饰意趣与工艺，整体恢弘大气局部又纤巧秀丽。以本土情调与审美意趣糅合西洋风南洋雨，创造出一种完全属于鼓浪屿式的折中主义风格，历岁月风雨，一如当年番婆，风韵犹存。再看铁艺雕花大门上的正反两个铁铸福字，唯余感慨：此乃真洞天福地，番婆固然有福，鼓浪屿建筑拥有它岂不也同福。

潘婆楼前庭漏窗

金瓜楼

　　在长长的泉州路与短短的乌埭路之间，有一幢以其屋顶形态而闻名的住宅"金瓜楼"，此楼于1922年建成，现编门牌号泉州路99号，楼主为菲律宾华商黄赐敏。

　　黄赐敏，原籍福建龙海，少时赴菲律宾经商，经多年奋斗始发家。20世纪20年代，鼓浪屿成为中外名绅巨富安乐窝的声名有增无减，吸引着东南亚华商，成群结队回国上鼓浪屿来购房置业，黄赐敏亦随此大潮，于1924年携巨资回鼓浪屿，从房地产商手中，以4万银元的价格买下金瓜楼，安家于此，

夕照下金光闪闪的金瓜楼

成为终年漂泊海外谋生的他，身心的归宿与精神的抚慰。

金瓜楼据临街巷道走向而成东南西北向坐落，地上三层，地下一层，砖混结构，建筑面积约 737 平方米。主体建筑平面呈矩形，沿中轴对称，中间为厅，厅两侧为卧室，

金瓜顶与门楼顶的翼角花饰遥相呼应

前后带有外廊。前部两侧角向外凸出八边形，倒像极了青蛙鼓出去的两只大眼。檐前正立面为双角楼夹一外廊式，造型对称。中间立面四柱三开间，一楼中间为入口，三层外廊栏杆，皆以宝瓶状透空栏杆装饰。四坡红瓦屋顶，边沿加女儿墙，也一式用宝瓶状透空栏杆装饰，但采用的是碧色琉璃，与分布两边的金瓜顶呼应，色泽鲜亮，金贵非凡。

有意思的是其廊柱的处理方式，改良型的罗马柱如艺术品般被安放在间隔护栏的立柱上，而西式的柱头撑起的是却是乡土味极为浓郁的彩绘额枋、檐替与檐壁。当然，最富有特色的是位于外廊两端凸出的八边形角楼。每层每面都开有上下带有浮雕花壁的百叶窗。与楼身的八边形相对应，角楼屋顶拱起一个类似葱头形的攒尖顶，与中国式多棱攒尖顶的内曲外翘形态不同，西洋多棱攒尖顶是面鼓里曲，恰似葱头。这种形制的圆形屋顶，可以追

金瓜楼的中国式城门楼

溯到拜占庭建筑的圆顶上，但其实最接近的形式应该是佛罗伦萨大教堂的有棱线圆顶。只是鼓浪屿建筑绝对不会照搬，工匠们在这样的西洋顶上，生生让它伸出中国式的翼角来，整个圆顶在阳光下赤橙黄亮，老远就能看到，时人就给这幢建筑一个非常本土化的命名：金瓜楼，也含有中国式的祈福，即瓜络绵绵，富贵不绝。

　　与金瓜顶"门当顶对"的是这院墙的门楼。门楼为上下两层，采用歇山顶结构，重檐翘角，翘角上的飞卷藤络花式，与高处的金瓜顶翼角花式一致，上下呼应。歇山顶是中国古建筑中最基本最常见的一种建筑形式。即前后左右四个坡面，在左右坡面上各有一个垂直面，共交出九条脊来，故又称九脊殿，这种屋顶多用在建筑性质较重要，体量较大的建筑上，如天安门城楼。把宫殿或城楼搬来做了自家门楼，这是何等气魄！

金瓜楼还有一个十分明显的特点是，似乎所有民间外墙装饰工艺，都集中到这上面来啦。楼的每一个点、面、条，如梁柱、檐楣、壁面、板角、窗坎、窗间墙等，都饰有各种各样的飞禽花卉，有浮雕，也有彩绘，它们嵌在垂直与水平的各种装饰线条里，奇特地兼具乡土气息的可爱质朴，与洛可可艺术风格的典丽精细，可以说，这是一幢典型的被中国民间装饰艺术打扮成的西洋建筑。

时钟楼

在安海路上，有一幢洋楼，外形酷似明清时伴随洋教士来到中国的西洋自鸣钟，凡是经过楼前的有心人，无不为它特殊的建筑形态所吸引而回眸张望。依鼓浪屿人对楼房形象特有的敏感与喜好，"时钟楼"便成为这幢建筑的永久性名牌。时钟楼现编门牌安海路55号，约建于20世纪20年代，楼主为当时原籍福建晋江的菲律宾侨商杨丕河。

该建筑约坐西朝东，地上2层，局部3层，地下1层，建筑面积约1008平方米，砖石结构。建筑平面主体为正方形，前部两侧外凸角楼之间夹一外廊，右侧朝南面亦附一外廊。这也是鼓浪屿建筑的一个特色，因为一般带外廊的楼房，外廊设置或位于正门，及后部，及两侧，鲜见这种不对称式。而鼓浪屿的带廊楼房，却常常只设在东南面，看上去很不对称，但却是真正因地制宜的产物，因为东南向是岛上向阳迎风的好所在，故带有休闲功能的外廊空间，就特别为此而设，并不拘于楼房型制了。

内部空间呈中轴对称布局，中间为大厅和过厅等，功能房间分列两侧。檐前门廊部分为四柱三开间，二层叠柱式，柱础立

时钟楼与中华路建筑

在护栏栏柱上，保持了柱式艺术品般的完美。两侧角楼的每边立面，都开有长方形窗户，窗坎墙，窗间墙都以矩形线条图案加意修饰。三楼上只保留中央部分的功能房间，四围空出作为露台。屋面为四坡顶加外沿女儿墙装饰。一、二楼外廊护栏，三楼露台护栏，以及房顶的女儿墙护栏栏杆，统一采用直线楞角的棱状透空花式，上下一致，使得大大小小虚的实的以横平竖直为特征的矩形装饰，控制整个立面。在此情况下，集中出现在柱头上的地道古希腊或鼓浪屿改良式的爱奥尼式花饰，集中出现在三楼门楣与窗楣上的带有洛可可显著特征的花饰，就特别富有一种浮出其上的立体感与生动感。最后再加上屋顶正面如皇冠般的山花雕饰，把一个四平八稳的建筑，装饰得富含洛可可艺术之家居品味。

整幢建筑地下层以浅白色花岗岩石砌勒脚，主体外墙以浅灰色水刷石饰面，浅灰色系与材质糙面的呢质感，使该建筑真如其名——当初稀罕的舶来品自鸣钟一般，显示出沉静、端庄、优雅而名贵的风致。

观彩楼

　　笔架山不仅形似而且质似石作笔架，笔山路宛如石纹，在三个弓起的顶点上缤纷四披，逶迤钻入山坡岩壁的浓荫深处。观彩楼位于笔架山北端弓起的顶背上，居高临下，四望无碍，现编门牌笔山路 6 号，建于 1931 年。

　　这是一幢味道纯正的荷兰式建筑，原楼主就是那位帮助解决三一堂屋架大难题，为鼓浪屿建筑留下大手笔却又轶名的荷兰工程师。当年，厦门鹭江道自邮政码头到妈祖宫码头这段堤岸，饱受海潮冲击，屡屡崩塌而无法解决，只好求助于荷兰的一家治港公司，于是这位工程师应召来到厦门，他也立马看中了鼓浪屿这个好地方，遂在此选址建房供自己居住。因之，这位轶名工程师

观彩楼

既是此楼主人又是此楼设计师，承建者为来自本地的许春草建筑公司。

该建筑坐西朝东，主入口位于西面。地上 3 层，半地下 1 层，砖混结构，建筑面积 456 平方米。因为楼房依山势而建，楼房地基处于坡地上，故地势较低部分筑以局部地下室来找平。该建筑主体平面呈矩形，前檐左侧微凸，形成主入口处的 L 形小庭院。在立面造型上有三大特色。一是鼓浪屿建筑的所有阳角都处理得十分精致美观，一般不是以本土式的出砖入石法砌就，就是以西洋式强劲线条的通高柱式来取代，但此楼阳角柱却别出心裁地以整方白花岗石垒叠而成，通体没有竖向接缝，整个转角特别温润厚实。外墙处理一层为浅白青石砌面，二层为浅灰混水砂浆拉毛饰面，与整石打造的门套、窗套、阳角柱等横平竖直的线条，在材质、色调上既和谐又隐含对比变化，似信手拈来却极尽考究，使整体立面分外素洁高雅，质感优渥。

二是在前檐入口处筑有一雨篷式门廊，以分列两旁的螺旋式罗马柱，厚重的中国式斗拱与额枋，共同顶起作为二楼大门入口处的铁艺雕花小阳台的廊顶。在平直素颜的立面上，两根廊柱柱身上的螺旋纹，成了特别醒目的装饰。欧洲文艺复兴时期，大约 16 世纪下半叶在意大利产生的手法主义（Mannerism），在希腊、罗马古典柱式的基础上求新变异，螺旋式柱身就是其中一种，它具有在其后亦即 17 世纪出现的巴洛克（baroque）艺术风格的倾向，但与巴洛克善用大量曲面与椭圆装饰形成繁缛富丽的艺术品味又有不同。除了这两根柱子外，整个立面装饰平直简洁，所有的门套、窗套都用整块白色花岗石打造，仅在四角做重点饰边。而简洁的饰面，反而更突出了装饰在门楣与窗楣上的那些富有幽默感的艺术化人面浮雕，据说这是北欧特产之一火枪手的经典脸谱。不过，从正立面设计的不对称手法来看，也隐显出手法主义追求自由、灵动、怪异与不寻常的效果。

三是最为醒目的顶墙合一装饰手法。所谓顶墙合一就是以屋顶的结构手法与材料，来装饰顶层功能房间的外墙面。因此，从外面看来，它既是功能房间的外墙又是整栋房子的屋顶。首先，它在二楼屋顶外沿做了一个长挑檐，以示主体楼层的结束，但其实内部楼层依然在貌似屋顶的空间内延续。鼓浪屿建筑中顶墙合一的另一个实例是林屋，但二者又绝不类同，林屋为内曲，观彩楼为外弓，即顶墙合一的装饰部分，既不像墙体那样通常是垂直的，也不像屋面那样通常是斜坡的，而是呈外鼓状。在外鼓状的墙体上又开有半拱形窗户。长条形外鼓状的屋面，特别像本土棺材的侧立面，而镶嵌其中的半拱形窗户，又特别像本土棺材的正立面，

观彩楼的廊柱

据说是火枪手或三剑客的头像做窗饰，是否可以起到保镖的作用呢。

所以无论从哪个方位看，棺材的形象性符号极为强烈，故此建筑甫一落成，其绰号就有了：一个是新娘轿子，一个是棺材楼，但前者究竟敌不过更为形似的棺材楼，棺材楼之名便响至今日。

其实，棺材在本土民俗口彩里并不"晦气"，甚至还讨喜，以为"见官发财"之意。但在书面字面上，终究不雅观，故也不知从何时起，被文人们谐音为观彩楼。此楼踞于笔架一顶，远观日月出没，近看两岸风光，无限精彩，尽在眼皮之下，故观彩之名，亦算实至名归。况观彩楼的确精彩，譬如它从头到脚从里到外的中西合璧：设计师是洋人，承建者是本土人；它是幢纯粹西洋楼，却有着最原生态的中国名。而此名的起承转合，亦算是民间原生态文化，与文人文化在鼓浪屿建筑上的"折中"趣闻吧。

春草堂

在笔架山西北隅，与观彩楼近在咫尺又遥相互望的对坡上，有三两栋白身红顶的楼房，从碧翠的香樟、棕葵、凤尾竹间隙里，风拂一现，既静谧又妖娆。其中一幢名"春草堂"，现编门牌笔山路17号，主人即为在厦门近现代史上与鼓浪屿建筑史上，都留下诸多印迹的本土营造商许春草。

许春草，原籍福建安溪，1874年生于厦门，幼时其父出洋谋生后杳无音讯，家计艰辛，9岁便为鞋铺童工，12岁转学泥瓦工，以养家糊口。建筑行业的劳作与生活，磨砺了小春草的身子骨与意志力，同时也使其拥有了行业所特有的师徒人脉。后因其师徒众多，诸事又敢为人出头，在工友中颇有威望。1907年，经黄乃裳介绍，成为同盟会在厦门最早会员，故有机会在辛亥革命中，成为孙中山在厦门的得力干将，曾获孙中山亲授一等勋章。1918年，许春草被推举为厦门建筑公会会长，1922年孙中山电邀其至广州，亲自把建筑公会改名厦门建筑总工会。至1925年，该会已

春草堂外观

扩展至 9 个区分会共 8000 余众，工友兄弟同心协力，互相关照，成了一股不能忽略的社会力量。陈炯明叛变后，孙中山暂避中山舰上，委任其为福建讨贼军总指挥，第一路军便全由其属下建筑工人组成。1932 年后，许春草逐渐淡出政治舞台，在经营建筑公司之余，致力厦门地方民间活动，尤其是倡议组织的中国婢女救援团，曾产生重大社会影响。1933 年，许春草于笔架山北麓顶上建造家宅。及宅成，即将孙中山的委任状郑重供奉于堂上二楼中厅，以为镇宅之宝。

该建筑坐西北朝东南，地上 2 层，半地下 1 层，砖混结构，四坡红瓦屋顶，建筑面积约 740 平方米。此楼就山而筑，利用标高不同，在低处筑一地下室，得与高地找平，共同组成主体建筑的基座。建筑主体平面呈矩形，前檐带外廊，中部凸出部分为半圆弧状门廊，内外都表现出严格的中轴对称结构，是经典的闽南民居两厢夹一厅布局，在右后部凸出帆形部位设置杂用房。正立面为四柱三大开间，上下二层。

建设立面装饰的最大特色，在于用纯花岗岩石头荒面所砌垒的附壁柱与廊柱上。中间凸出的半圆弧门廊，以中轴对称分列两旁的串鼓状通高圆石柱来支撑与装饰，突出了建筑中心与主入口。在左右二厢的石构廊柱与额枋上，又附砌清水红砖白灰勾缝的柱体与檐口，似乎给本是阳刚之极的建筑，镶上柔媚的花边，奇妙地构成自然与人工，西洋古典与中国民间，沉红与浅白的对比与映衬，再加以连接两柱之间的碧色琉璃宝瓶状透空栏杆，于上下左右各形成一个颇似精致的景框，共同烘托了正中央凸出的主入口门廊。而所有这一切，又统在檐下柱廊所形成的虚空阴影中，富有立体感与透视感地浮现出来，把花岗石荒面建材的质感与美感，发散到极致，造成一种既古朴又雅丽的装饰效果。

与此同时建造的现编门牌笔山路 19 号宅第，是一门出了四个钢琴天才的许斐平故居，它也是被建筑行家引为典范的作品。该建筑与春草堂北向为邻，地上 3 层，局部 4 层，建筑面积约 645 平方米，砖木结构。建筑平面呈近正方形，沿中轴线左右对称，各层布局相同。正立面六柱五开间，二楼以上呈两厢夹一外廊结构，二楼外廊右侧，开有天桥通道，利用地形高差直接通往楼外道路。此楼最大特色是其对西洋古典柱式的演化

春草堂局部

与使用，与春草堂古朴敦厚的柱式形态完全不同，它用最为纯粹的爱奥尼克式柱头为特征的西洋壁柱与廊柱，层层列列控制了整个外檐墙面，但在其

笔山路19号人家

最显明部位的柱身、额枋、檐壁、窗坎等平面上，却使用的是极具中国风味的装饰图案，且每层柱式与花式都不雷同，浅白水刷石柱体与繁复多变的花式图案，被映衬在沉红砖墙所构成的廊内阴影上，产生出一种奇特的装饰效果，既方正平实又浮华靡丽，别有意趣。

许春草似乎是有意识地在他自己的园地里，津津有味地对来自西洋的柱式，进行从形态到饰面的创新实验。在为别人做了许多嫁衣裳后，许春草一定是憋了一股子劲，要在其设计中恣意挥洒自己对建筑的审美情趣、渴望、爱好与才能。而这种实现也使鼓浪屿建筑增添了一道纯粹出自本土工匠的设计作品。1960年春天，86岁高龄的许春草，安老于他自己亲手建造的居所中。据说他虽为厦鼓建筑行业巨头，然其所得几乎都用于他毕生所进行的各种政治活动与地方慈善上，身后并无余财。所幸他余下这三两幢亲自设计建造的建筑，作了他永久的传奇：由建筑小工到营造大老板，由工匠到设计师，并能在鼓浪屿建筑史上留下一道不能

被忽略的风景，这当然是属于许春草个人的奇迹，同时还属于鼓浪屿建筑的奇迹。

亦足山庄

从观彩楼向东山坡一侧下山，陡峭的石阶小径旁，是铺天盖地一树成林的古榕，一幢十分气派的楼宇，正从山腰中显现端倪。随路下到正面一看，一个宽敞气派的欧式门楼，果然就在眼前。门楼内侧楣匾上镌有"紫气东来"四大字，据传为时任厦门道尹的陈培琨所题。因楼面正朝东向，又居高临下，海阔天空，每每晨曦乍现，凭楼迎风，可不是紫气浩荡，只管从东方来。因实在对景，便仿佛墨汁犹润，墨香犹在。越过门楼高墙，就是那座从山上看背景就能看出气派非凡的宅第，同样有个地道的中国名字"亦足山庄"。山庄现编门牌笔山路9号，大约建于1920年左右，原庄主许儞，祖籍福建同安，时为越南法籍侨商。

该建筑就山势坐西朝东，地上2层，半地下1层，砖混结构，四坡屋面外沿女儿墙，建筑面积约1022平方米。主体建筑平面呈工字形，四角皆凸出，前后左右对称，四面檐下皆呈二厢夹一外廊式。立面采用西方古典复兴建筑的三段式处理手法。从正立面来看，地下室条石饰面与位于檐前露台正中的双向集中式步阶为底层一段；地上一至二楼的整体墙面装饰为中层一段，屋顶的女儿墙，断山花及檐口装饰为顶层一段。正立面中间呈凹状缩进的门廊部分，由四根二层通高的古罗马塔斯干式巨柱组成。四根垂直巨柱连接起处在不同层面上加以修饰的水平线条，如在二、三层上的额枋、檐壁、檐口的花式线脚与护栏，女儿墙上的花式透空栏杆等。巨柱们把它们牵制到同一个垂直平面中，更加醒目地体现出它们隆重的奢华。

在四厢对称凸出的清水红砖外墙面上，浅灰色双拱式窗套，

亦足山庄的巴洛克之风

突出的层间线脚，分镶两旁带有爱奥尼柱式特征的阳角柱，又与之间凹进的巨柱式外廊，形成既呼应又对比的豪华效果，它们共同托举并烘托起耸立于正中檐上雕饰精美的断山花，标志着这幢具有浓厚的法国新古典主义风格建筑的最终完成。

受这种风格控制的还有极具巴洛克艺术特征的前庭装饰。浓郁的巴洛克之风，其实从门楼开始就猛烈刮起了：花枝招展的科林斯式双圆柱，分列于大门两旁花式繁缛的柱础上，奢侈地撑起富含多层曲线与曲面的门楼。迎门处是一面巧用坡地高差构筑的挡土墙而做成的照壁，照壁中心的盾形花饰与花边浮雕，分列两旁带有凹槽与花饰柱头的附壁柱，以及耸立其上的两根欧式灯柱，共同营造了一个极具巴洛克风味的视角空间。而照壁右侧通往主楼的大石阶两侧护栏，却以逐阶次递而上的方形花凳构成，花凳的每个立面上，或浮雕或镂雕缠枝卷叶，极尽精细，将巴洛克风一路刮到顶。该建筑把坡地与地下层的高差，统统利用来做门楼、入口、阶台、前庭等功能区间的同时，也统统利用来做特具巴洛克风味的立

亦足山庄门楼局部

亦足山庄的巧设照壁

亦足山庄后坡上的飞来榕

面装饰。如此，地势之间的高差，使建筑耸立于层层叠叠拥有精美花饰的阶梯与阶台之上，更增添了豪华典丽感。主人的爱好使这里成为鼓浪屿上最具巴洛克艺术风味的庭院。

不过，与鼓浪屿上大多数华商豪宅一样，哪怕是在最欧式的庭园中，也照样不忘掇山叠石，再造一个中国式古典亭子，似乎唯有如此，才够"亦足"。于是看整个庭园，古榕参天，须根盘虬，听浓荫深处鸟鸣啾啾，看山海一线舟楫飞渡，实乃人间仙境。如此选址，如此建筑，足见主人的审美意趣与财富实力，能够拥之居之的确可以自足自豪，难怪许庄主特于园中巨石镌下"亦足山庄"四字，从此名之。

船屋

鼓浪屿上巷道纵横，岔路无数，受如此地形地貌所限，产生

这是船屋的"船尾"，鼓浪屿上常见这样的三角地带

出许许多多三角地块，于是，一些特殊形态的建筑也由此产生。建在三明路与鼓新路交叉三角地块上的"船屋"，就是此类建筑的代表作。

船屋，现编门牌鼓新路 48 号，约建于 1910 年代，主人黄大辟，为当时鼓浪屿救世医院医生。黄大辟拥有的这块宅基地夹在三路交汇之间，地形狭长，且位于西南方的锐角尤为尖利。黄大辟因特请其院长美籍荷兰人郁约翰 (John Abraham Otte) 为之设计。郁约翰学过土木建筑，此前已为鼓浪屿设计过多处楼宇，最大手笔当数八卦楼。这块看似不成样的宅基地，当然没有难倒郁约翰，反而激发出他的创作灵感，他把楼房仿海船来设计，不仅用活了地形，而且特有意趣：建筑在海岛特有的蓝天碧海映衬下，恰如停泊厦鼓港湾的船舶，既有扬帆远洋的风姿又有栖息家园的安然。船屋，便是其形意兼备的命名。

该建筑平面如一艘海轮状，位于东南向长约 30 米的带锐角空地，做成景观前庭，宛如轮船上的前甲板。主体建筑就在这大

船屋

地巨轮的甲板上隆起，从外观看可分为前后两大部分，前部分为
2层，后部分为4层，清水红砖墙，辅以混凝土装饰部件，砖混
结构，建筑面积约400平方米。建筑平面沿中轴对称，内部空间
前中部为客厅过道等，两侧及后部为卧室。正立面与内部布局呼
应，呈中轴线向两翼展开，严格对称。前檐突出带外廊，为六柱
五开间式，中央三开间复又凸起半圆弧状门廊。门廊顶在三楼为
露台，露台中筑一与后部分三楼功能房间相连的方形柱廊，廊顶
又为四楼露台，露台中仅耸立一功能房间。层层缩进的露台酷似
层层甲板，露台边沿以透空栏杆装饰的女儿墙酷似船舷，更衬得
四楼中央高高突起的功能房间如主桅瞭望台。不唯如此，为了增
添轮船感，设计者把两侧因前后部接壤所形成的锯齿状阴角，别
出心裁地做成外弧状连接，并在其二层顶上的墙体上，各开有数
个圆洞，酷似轮船舷窗。众多别具一格的细节设计，使船屋主题
得到完美体现。也由此，鼓浪屿从此也多了一个无出其右的、又
包含理想与浪漫气息的建筑形态。

林屋

在泉州路与鸡山路交汇的顶点上，有一个精致小巧的门扉，
门内一片葱郁，高的玉兰木棉柠檬桉，低的紫荆蒲葵三角梅，再
低一点的是伏地而起的角堇蔷薇马蹄莲。穿过草木葳蕤的林间，
一幢北欧庭院式楼宅，便从林荫深处绰约闪现，背景是石脉朗润
的日光岩。林屋，是它的名称，现编门牌泉州路82号，屋主林振
勋，姓林，真是人屋情境的合一。

林振勋，原籍厦门，早年赴新加坡经商有成，上世纪初携资
回国，择鼓浪屿而定居，继续各种经营活动，也参与市政建设，
如1917年与归侨黄奕住、黄世金等人发起筹建厦门自来水公司
等，是地方名绅。1923年，林振勋买下这块地，于1927年建成此

屋。

　　林屋坐北朝南，地上3层，地下1层，砖石结构，建筑面积960平方米。南面临一片长长的庭园，屋后有一天桥与筑在北面的附楼相接。主体建筑平面大致呈矩形，中轴线左右并不对称，布局因用制宜，不拘工整，显示出西洋家居住宅真正的性格：更注重实用功能与居家方便，以及空间布局的多样式、不重复性带来的随意轻松。

　　建筑正立面呈三开间，檐前正中微凸部分，区别于鼓浪屿建筑中常见的古典式柱廊，而是采用朴素内敛的阳台结构。地下一楼前，筑有双向步梯集中式台阶通往地上一楼正面入口处。二楼为阳台，顶上在层板外做了一个假檐，与其左右开间在三楼上变化为顶墙合一的坡折式红瓦饰面相呼应，使带有八字形屋顶檐

柠檬桉树林中的林屋

线的三楼阳台，好像是从一片红瓦中长出来的。而高耸其后的三角形红瓦屋面，与其从折坡式红瓦墙面中长出来的半圆形白色窗户，与雪白的水刷石阳台，构成了在空间上与色彩上的强烈对比与烘托，更强调了立面中心，起到鲜明的装饰效果。顶墙合一的坡折式屋面，与内部空间布局相对应的大小四坡屋顶的灵活组合，共同构成一个重点突出、富含变化的屋顶装饰体系，新奇别致，不同凡俗，这是林屋最引人称奇的地方。

还可以引人称奇的是此屋的设计者，他是林振勋的次子林全诚。林全诚毕业于美国麻省理工学院土木系，当年因受厦门自来水公司所聘，负责设计一系列自来水民用工程。自来水公司的投资人，几乎都定居于鼓浪屿，故林全诚可以就地亲为自家设计，也算是一桩趣事。林全诚独特的屋顶处理手法与风格，不仅施用于自家屋顶上，还施用于其他建筑上，最突出的范例是位于现编门牌漳州路 24 号的原自来水公司鼓浪屿管理处。林全城极富想象力地利用屋顶坡面所形成的三角几何图案，组成类似郁金香花形的屋顶。为了突出岛上这绝对独一无二的屋顶，林全城刻意让白石砌就的屋身不事任何雕琢，一身素颜只为托举起万绿丛中一点红，在鼓浪屿连片累栋铺陈开去

顶墙合一的林屋屋面

的楼宇中，一眼就可识别出林式屋顶，这可算是林全诚独有的绝活与招牌。

由不同尺度的三角几何形状组合而成的红色坡式屋顶，在绿色丛林中绰约闪现，从任何一个角度看，都具有

郁金香花般的屋顶

童话般的效果，风情十足。坡式屋顶不仅利于排雪同样利于排水，所以在鼓浪屿的柠檬桉林中看到它，似乎它这一刻在北欧的橡树林中静候雪花，下一刻就在南亚的椰林丛中沐浴烟雨。在当年希腊回廊罗马立柱风猛刮的鼓浪屿建筑风潮中，林屋以其清新素雅、品味独特的设计另树一帜，为作为万国建筑博物馆的鼓浪屿，填充了一种不能或缺的建筑语言与艺术风格。

殷宅

鼓浪屿鸡山顶上，日光透过高大的乔木，给灌木丛中的小径石阶，打上斑驳影子，更显得林幽草长，僻静至极。大名鼎鼎的"殷宅"就坐落其间，现编门牌鸡山路 16 号，约建于 20 世纪 20 年代。

该建筑坐东北朝西南，地上 1 层，局部地下 1 层，建筑面积约 550 平方米，砖石结构。主体建筑平面由一个大正方形与若干矩形组成，巧用高差，因地架屋，采用非对称式构图，布局灵

活，在错层的高低空间里，大小各种门厅、过厅、客厅、起居室、卧室、书房等等，因势而设，随意而安，各室又相通互连，真正能移步即达，空间变化多端，又平实有味，典型的美国乡间居家别墅之形态。立面墙体以白灰色花岗岩条石为主，重点部位以清水红砖装饰点缀，二者构成色彩与质感上的对比，即古朴又鲜丽。因是在不同高差不同地形上而设计的房屋空间，因之也随之产生出多组不同高差不同规格的双坡屋顶。它们的巧妙组合，使殷宅整体上看去参差错落，玲珑有致，整体风格清新淡雅，品味不凡。

殷宅的出名，不仅在于从这里走出我国一代著名钢琴家殷承宗，还在于其本身所涵有的建筑佳话：设计建造出如此风格独特建筑的不是别人，恰是殷承宗的长兄，彼时从美国留学归来，受聘于清华大学做

清雅自在的殷宅

鸡山顶绿荫怀抱中的殷宅一角

教授的殷祖泽。他的同班同学林全诚为父设计了林屋，他则为父设计了殷宅，这是鼓浪屿留洋子弟回乡亲自操刀，为鼓浪屿建筑留下的双璧。而音乐与建筑，正是鼓浪屿所特有的人文流脉与底蕴。从殷宅深处走来的殷家兄弟，一个用音乐，一个用建筑，表征了鼓浪屿文化精粹的双璧。

　　有客若从园外墙根处过，踮脚望去，偌大的庭院，偶露殷宅素朴雅洁的一角，显得格外神秘而矜贵，真可谓屋不在高，有格则贵。

第四辑

菽庄花园

　　鼓浪屿面南海滨有一个著名海滩浴场，叫港仔后浴场，长长的港仔后路呈雁翅舒展开去，菽庄花园正如一顶桂冠，正缀在雁头的中心顶点上。

　　菽庄花园其北，卓然挺立的日光岩为之屏障；其东，断壁千仞的草仔山为之围护；西南面，则是碧波接天的金带水海域。如此地理，使它又像极了轻含在蚌唇上的一粒珍珠，任何人走近它，注定会被其海上明珠般的温润华彩所吸引。

　　菽庄花园其实也是借由一段难以消解的国恨家恋，一角天造地设般的港湾，建筑起聊以自慰的心景。

　　借山藏海以隐思，借海登山以望乡，揽山海于一怀，释千愁于一杯，连思念都会有如此不一般的动静气势，那会是谁呢？

话说当年闽籍龙溪人氏林应寅东渡台湾后，至第二代林平侯时已发，官商二界皆通。林平侯育有五子，为发迹不忘出处，特立"饮水本思源"为训，给五子分立名号。其中三子国华为"本记"、五子国芳为"源记"。因长房早殁，余"本""源"二记乃为亲兄弟，故二子联手，家族生意大都在"本"、"源"二记手上。林平侯去世后，国华兄弟把家从台湾桃源大溪迁往台北板桥。为安家计，1853 年，兄弟俩在板桥大兴土木，建造三落大厝及园林庭院。俩兄弟同心协力，既同居板桥又同做生意，故合称林本源记，也叫板桥林本源。

林国华于 1857 年去世后，林维源兄弟承继祖业，继续官商之道。因调度经营有方，林维源为商则成台湾首富，为官则至台湾垦抚大臣。对中国人来说，或个人或家族，所有的荣华富贵最后都要体现在他的建筑上，也即闽南话"盖大厝"上，林维源也不例外。1888 年，林维源在原有板桥

近景：港仔后浴场。中景：菽庄花园。远景：钢琴博物馆与海上花园酒店。

三落旧厝的宅第旁，又再建五落大厝与林家花园。林宅新旧建筑占地面积共 57100 多平方米，其中林家花园是林维源重点打造之处，占地面积约 18000 多平方米，费时 5 年多，费资 50 多万两银子。园中知名建筑有百花厅、汲古书屋、方鉴斋、戏台、来青阁、开轩一笑、横虹卧月、观稼楼、香玉簃、定静堂、月波水榭、榕荫大池、云锦淙、海棠池等多处，亭台楼阁，玉桥琼榭，蔚为壮观；画梁雕栋，精刻细缕，令人叹为观止，故时人亦称之为"台湾大观园"。

可叹时运不济，花园建成的第二年，中日甲午战争爆发。又次年，林维源率板桥林本源家族，舍下偌大家产，包括来不及好好享受一下的板桥花园，匆促内迁大陆，时年林尔嘉 21 岁。1905 年，林维源未能寿终于他耗费大量财力心力建造的板桥豪宅中，病逝于鼓浪屿，"饶有亭台池馆之胜"，今生今世再也不得亲近半分半厘，如何不抱憾。

林维源去世后，家业重担落在其长子林尔嘉肩上。到了 1913 年，正当盛年的林尔嘉，俨然已是厦门商界翘楚，政坛达人。但纵是如此，也无法消弭林尔嘉及全族老小对台湾板桥家园的留恋之心，思念之情。"余家台北，故居曰板桥别墅……乙未年内渡，侨居鼓浪屿，东望故园，辄萦梦寝。"（林尔嘉建园自题）只有权且借鼓浪屿这一角，筑成梦中园林，以自个别字叔臧谐音"菽庄"以命之，聊以慰藉再也无法返回板桥家宅的父亲，也聊以平复自己日益思念板桥花园的心思，菽庄花园内乃专有一景"小板桥"，是为证。

位于厦门的"小板桥"，在建筑体量或者还有式样上，也许无法与台北"大板桥"相较，但有一点一定是"大板桥"所缺乏的，那就是鼓浪屿得天独厚的山海自然景观，它似乎是轻而易举地就满足了园主那个本应是不可能实现的"纳山海之景于一园"的建筑宏愿。在借尽自然景色、景物、景观的基础上，园主再据山势水脉，垒石筑洞，搭桥盖房，缀众美而补不足，集天工造化与人工巧技打造出园在海上海在园中的胜景。菽庄花园毫无疑义成为鼓浪屿园林建筑中的一朵奇葩，也成为中国式园林建筑的海上经典。

　　菽庄花园占地面积约20328平方米，其中水域面积约3352平方米，建筑面积约2451平方米。园内建筑分为"藏海"、"补山"二大主题，这也是菽庄建筑布局的主导思想。从表层看，它确为园林建筑之用，然究其深层，则别有含义："藏海"寓祖国河山一揽入怀不任外人宰割之心愿，"补山"寄有缀补祖国破碎山河之奇志。可见无论是在建筑设计上，还是在人生情致上，园主林尔嘉都显得相当有气魄。

　　"藏海"、"补山"二园，前前后后共筑有谈瀛轩（眉寿堂）、壬秋阁、顽石山房、亦爱吾庐、听潮楼、真率亭、渡月亭、千波亭、熙春亭、招凉亭、小兰亭、茄亭、伞亭、小板桥、十二洞

日光岩下的菽庄花园

天、四十四桥等建筑。

其中，体量最大者眉寿堂。林尔嘉别号"眉寿"，取自诗经《豳风·七月》中"八月剥枣，十月获稻。为此春酒，以介眉寿。"堂与园主共名，很符园主崇尚陶渊明，亦有田园情结之情状。眉寿堂亦名"谈瀛轩"，语出李白《梦游天姥吟留别》中"海客谈瀛洲，烟涛微茫信难求"。瀛洲，传说中的东海仙山，林尔嘉自台湾回迁，舍难舍之故园，断难断之乡音，每每回望海峡彼岸，烟涛微茫，聚客谈瀛，或可聊慰相思。故谈瀛之典，实在对景。

眉寿堂平面呈矩形，屋顶重檐歇山顶结构，以琉璃瓦覆之。立面三面开轩，三楹毗连，檐前正立面左右外廊与正中堂内短廊，各有四根朱红圆柱，四平八稳，古香古色，是中国经典殿堂式建筑。该堂位于园门入口右侧位，它与迎门照壁一起，起到藏海的作用，但又比照壁多了一重露海的功能：这厢未入堂还是藏，那边未出堂已是露，上一刻还是藏，此一刻便是露，是从藏到露的过渡带，同时还是来园宾客的聚散地。宾客进园门后，正面被照壁所挡，顺势分流两侧走。右侧的眉寿堂，正是迎宾近海的最佳所在。缓步入堂时还不知海在何处，转眼间海阔天空，万顷浪花已伴天光海色涌至足下。若在此品茗小坐，八月中秋，十月赏菊，为此春酒，怎能不眉寿！若从此凌波踏浪步去四十四曲桥外，间歇回眸，但见眉寿堂背有高耸的日光岩及郁郁丛林相衬，正面有无垠的天光水色映照，飞檐翘角，流光溢彩，直教人疑似仙山瀛国，形、意、景、相的浑然一体，不可谓不妙。

园中最富园主文人气息的建筑，莫过于"亦爱吾庐"。林尔嘉亦商亦政，名来利往，实一红尘中人，但却也有中国传统文人的田园情结，追求陶渊明采菊东篱下的情兴，羡慕陶公"众鸟欣有托，吾亦爱吾庐。既耕亦已种，时还读我书"的耕读日子，憧憬返璞归真的生活，故特筑此庐。庐院以篱笆围之，篱下遍植秋菊，以"竹篱茅舍自甘心"自许，一如红楼梦大观园中的特筑"稻香村"，且该村主人自号稻香老农，其所抽之签亦即"竹篱茅舍自甘心"。联系菽庄以"顽石山房"命名园中另一作为书房功能的建筑，可窥其还有红楼梦大观园情结。再联系台湾板桥林家花园建成时，便号称"大观园"，那么完全因彼而起的菽庄花园，亦可谓"小观园"了，三者之间的关联本就不浅。再者林家曾聘吕西村（世宜）为台湾板桥林家花园设计师，吕为著名书法家，一生著述良多，有《爱吾庐笔记》传世。林尔嘉一以怀念板桥，不免爱屋及人；二以彼此显见的都是陶渊明的粉丝，故趣味相投，由彼及己，引进陶渊明的"亦爱吾庐"，实乃天成。

　　林尔嘉对陶渊明的喜爱，由此一物还可证：园中四十四桥之建筑，是园中第一美景，也是行游观景第一主线。为何名四十四桥，有人解曰此桥筑于林尔嘉44岁而得名。因菽庄花园建于1913年，时年林尔嘉39岁，故此说不知确否，存疑之。但有一点可以确定的是，陶渊明写"吾亦爱吾庐"时，却正好44岁，不知菽

菽庄花园四十四桥

庄园主可是寓意其中？若二者巧合，那一定是天意，也是林尔嘉的深意。总之，无论怎样，林尔嘉对陶渊明的生活情致，可是仿效到家，他每年都要在此庐举办菊宴，遍邀亲朋好友前来赏菊吟诗，因之还发起"菽庄吟社"，广征诗、文、词、赋，并刻印《菽庄丛刊》8种传世，成为厦鼓两岸文坛经久传说的盛事。两岸大观园，同爱陶渊明，其人、其事、其建筑，无不蕴含园主的文化品位与生活品格，从而也流溢出浓浓的中国味。

菽庄花园最大的特色是山海，主线沿桥曲折而行，可左顾右盼，看山色花影，鱼翔浅底。次线依山蜿蜒而行，可极目海天，看鸥翔彩霞，帆尽碧空。水陆二线，皆宛若游龙，一浮于礁岩湍流之间，一隐于崖壁林花之中，明暗相映，虚实相衬，疏密相间；又一上一下，一动一静，互为关照，互为景观，共同将人引至园外天边去。而无论行桥还是走山，要做到宜行宜止，宜立宜坐，"亭"都是沿途必不可缺的功能性建筑，因之，大大小小各式各样的亭，清雅若串在银链上的珍珠，清新若长在青藤上的瓜果，十分通人性顺人意地在沿途处处冒将出来。但那么多的亭子高密度地出现在此有限空间内，要做到不重复，不雷同，亭随景生，适得其所，是需要十分高超的布局手段与艺术想象的。

真率亭，平面呈菱形，四角飞檐，整体棱角分明，超俗灵动。此亭倚山凌水，常言仁者乐山，智者乐水，仁者智者，来此皆可各取所需，直抒胸臆，可达真诚坦率，胸无芥蒂之境。故园主以"真率"命之，也算形意兼备。

渡月亭，平面呈半月形，临海一侧为圆弧，四柱擎顶为廊，后侧墙开大漏窗，两边石刻楹联：长桥支海三千丈，明月浮空十二栏，分明提示了这是看月好所在。此亭筑于桥径之间，两端接桥，在功能上亦起桥之作用，是桥亭合一的建筑。人于星稀月明之夜，行至亭中，恍惚置身于万顷银波之间，可踏浪乘风欲去，此为渡月，更是度人。

菽庄花园中临海迎风的亭子

招凉亭，位于四十四长桥尽海顶头处，平面呈折扇扇面状，此亭建得大有妙处，是因地制宜的杰作：亭旁有一片微微倾斜的石壁，状若屏风，长风浩荡直入，至此被挡，却被悉数导入亭内。于是扇亭无时不生风，轻一阵猛一阵，再是炎夏酷暑，往此一站，溽热尽消。此扇神通，着实招凉，真乃实至名归。

还有千波亭、熙春亭、茆亭、伞亭……亭亭玉立，亭亭不一。总之，菽庄对"亭"的需求，提供了建筑师们关于施展中国亭子形态美学的想象与创造之机会，亦令菽庄可以集天下之"亭"美"亭"趣于此争艳斗奇，成为菽庄花园建筑的一大特色与亮点。

菽庄花园得地利之便，又得中国园林建筑之精髓，巧借山海，妙布玄机，终于筑成一个形意兼具，情境兼备，有限一隅，却有无限风光的人间胜景。

园成，主人常择良辰佳时，邀亲唤朋，前来菽庄海上赏月品茗，吟诗诵词，以文会友。文友们深知园主思念板桥心切，使常以诗告慰。如李禧于《庚申菽庄看菊》道："重起楼台岁在申，板桥回首莫伤神。"陈香雪道:"板桥莫问当年事,重起楼台作主人。"一时菽庄真真是往来皆名士,谈笑有鸿儒。可惜,这种安慰亦如镜花易碎,1937年,抗日战争爆发,日军入侵金门,厦门告危,台湾板桥未光复,大陆鼓浪屿又将沦陷,天地之大,何处安放家园,可想园主林尔嘉重重复重重的国恨家愁,如何了结。为免日寇挟持,更不想做汉奸顺民,林尔嘉只好又一次抛家舍业避居上海、香港等地。1945年抗战胜利后,台湾终于回到祖国怀抱,林尔嘉一定也有当年李白杜甫闻家乡收复的欣喜若狂,轻舟携眷直奔日思夜想的彼岸家园,意图重振家业。无奈天不假命,半个世纪后的返

菽庄花园鸟瞰

台，却换不到几年时光的厮守，1951 年林尔嘉病逝于台湾，终年 77 岁。临终前，特嘱后人将菽庄花园献做鼓浪屿公园。1972 年，林氏后代也将台湾板桥林家花园，献做台北公园。

观林尔嘉一生，虽流离两岸，时运多舛，但不管何种境遇下，有大哀但心不死，总有重起楼台重拾河山的信念，力取有所为有所成。于是在他真正悲欣交集的身影后，留下无出其右的一家板桥，两岸生花的庭园建筑，林家父子从而亦得与园林长在，流芳两岸。

钢琴博物馆

鼓浪屿有一个与"海上花园"、"万国建筑博物馆"同样闻名遐迩的别名是"钢琴之岛"，此名非虚，它至今仍是全国平均人口钢琴数最多的地方。最是夕阳西下，月上树梢时分，漫步鼓浪屿迷宫似的长巷小径之间，两旁高墙花影横披，轻香似无，不期然一阵海风拂过，叮叮咚咚钢琴声，宛若流丝般，从庭院深深的百叶窗后，斑驳迷错的枝条下，漫过墙头树梢，淌向街巷，有时轻吟浅唱，有时弹跳嬉戏，与你耳鬓厮磨，擦身远去。若不亲历，还真无从体会徜徉其中曼妙无比的感受。钢琴，让这座本已集自然风光与人文景观于一身的小岛上空，饱含音乐的水分子；让此地的一砖一石一草一木，都浸淫在阳春白雪般优雅的气质中。钢琴的存在，使鼓浪屿拥有独步于世的音乐文化背景、音乐素质积淀与音乐艺术气息。它熏陶出一代又一代退则自娱自乐，进则走向全国乃至走向世界的音乐家。

这是鼓浪屿与钢琴的奇缘，虽然它从遥远的西方来，但服鼓浪屿水土的程度宛如缘定三生：从教堂传出的第一声琴音起，一种属于世界性的音乐传统，就在鼓浪屿上开始形成与滥觞。但谁也未曾料到，这个奇缘在新世纪之初，2000 年的开春时节，更是开出绝世奇葩：早年出生于鼓浪屿的旅澳华人、世界钢琴收藏家胡友义先生，将他收藏的世界名琴从海外搬回鼓浪屿，建立起全国唯一的一座世界钢琴博物馆。这一切也似乎是天缘所定：胡友义出生于鼓浪屿，注定了他与钢琴的不解之缘；鼓浪屿是举世无双的琴岛，注定了它要成为他所收藏的名琴们最终归宿地。

该建筑坐落于名满天下的菽庄花园景区内，从"十二洞天"或"扇亭"旁的山径，都可登至花园东面草仔山山坡上。这里居高临下，透过花木扶疏的三角梅与蓝花楹，是一幅帆影碧空尽，涛声迎面来的光景。该建筑与山脚下那些飞檐翘角、圆门曲径的中国古典园林风格不同，它是一座红白相间、色泽明快、线条简洁的现代建筑。建筑平面呈不规则几何形，地上1层，局部2层，地下1层，占地面积约450平方米。主体建筑依地形地势，划分出几大功能区，在平面上契合组块，由此最大特点是在内部空间布局与设置上的灵巧机动。它跌宕错落，因地制宜，窄处幽深，阔处平展，一如优美旋律，高低连贯，急缓有度。故建筑面积虽

钢琴博物馆

不大，但反映在室内空间上的曲折多样性，无形中拓展并延伸了使用空间感。

建筑正立面的设计别具匠心，十分吻合主题。首先是正立面也采用鼓浪屿建筑元素中常见的外廊结构，但用在此却别有创意，完全为服务主题所用：它以入口为轴心，在左右两旁的宽廊外侧，分别以白色方形廊柱支撑廊檐。廊顶为大坡度的单坡面，坡面与白色廊柱相对应的部位，也同样饰以白色方形梁条，上下梁柱贯通，

馆内的钢琴情调

与其间隔的阴影，形成虚实相间的黑白琴键的意象效果。而这些富有琴键式意象的门廊结构，又一起强调了正中心以白色拱券造型的大门入口。站在这样的建筑面前，无论与钢琴的缘分深浅厚薄，谁都会明白它所奏出的语言：音乐的新雨旧知由此进，因为这是鼓浪屿对全世界敞开的钢琴之门，它呈现着音乐的美丽与追求音乐的美好。

博物馆里陈列了胡友义捐赠的70多架古钢琴。其中有世界最早的脚踏立式钢琴，也有产自美国的全自动钢琴海那斯；有世界最大的四角钢琴，也有世界最长的演奏琴布鲁那；有产自英国深受肖邦喜爱的埃拉德钢琴，也有法国大画家雷诺亚画中的原型钢琴；有钢琴制造大师舒楠制作的双键盘黑白键颠倒古钢琴，也有另一大师勃德制作的S形琴腿钢琴；有产于澳大利亚的最名

贵的艺术型钢琴，也有德国人发明的用塑料做琴键的世界上最差钢琴；有琴内镶有三个皇冠的皇室御用钢琴，也有街头艺人卖艺用的手摇钢琴……还有 100 多个与钢琴同在的烛台、灯台，这一切在壁挂油画的映衬下，真是琳琅满目，极尽风花雪月，美不胜收，奇亦不胜收。想象它们所经历所承载的多少岁月沧桑，人情世故，把自个变成稀世珍宝的同时，也漂洋过海，归宿于不枉它们风华绝代的鼓浪屿。100 多年前，鼓浪屿做了钢琴的知音，100 多年后，钢琴成全了鼓浪屿，使它拥有了世界上唯一可以用实物来表现钢琴发展史的博物馆。

与其质相称，博物馆整体外立面宛如一巨型三角钢琴，在蓝天白云之下，碧海绿波之上，简约而传神，醒目而不张扬，十分契合鼓浪屿把音乐日常化，生活音乐化的风情。今天，馆里也常举行钢琴演奏会，不管是出自世界顶尖钢琴家，还是岛上普通人家，在众多古琴的身影与烛光摇曳中，倾听他们忘情的演奏，真是莫大的享受，这样的体验与经历真是绝无仅有。

鼓浪屿钢琴博物馆把建筑主题与功能，十分完美地结合在一起，手法洗练、细腻，极富有象征意义与艺术美感。它集齐了鼓浪屿名胜的三大要素：海上花园、音乐与建筑。人们总爱赞美建筑是凝固了的音乐。而在此，你却可以亲历建筑与音乐的合二为一，在它成为钢琴之岛的经典符号时，也成为鼓浪屿现代建筑的代表作。

黄家花园

从轮渡码头上岸后，沿着鼓浪屿上最热闹的主干道龙头路往前走，在与晃岩路交接的地方拐了个弯，一段斜坡上，偌大的体育场草埔显见眼前。这时往左下，是通往港仔后浴场的中华路，路东边的中山图书馆赫然在目。继续往右上，是通往日光岩景区的晃岩路，路南一片台地，地理方位视野俱佳。若从东面远远看去，但见草场尽处，丛林簇起，数栋洋楼隐约其间，背景是挺拔俊朗的日光岩。这就是岛上最有名的私家豪宅黄家花园，现编门牌晃岩路 25 号，园主为印尼华侨巨商黄奕住。

黄奕住，1868 年出生于福建南安山区一贫困农民家里，当时农村生活条件恶劣，婴儿死亡率极高，父母渴望留住这个可以传宗接代的男孩，故为之取名"住"，乳名阿住。

阿住自小聪明伶俐，尽管家中穷困，但父母深知识字的好处，仍送他上私塾读书。然好景不长，随着五个弟妹的相继出世，一是家贫无法供给，二是家里也太需要这个尚未成年的劳动力。阿住的伯父是个剃头匠，在农村，这好歹也算门手艺，阿住读书不成，退而求次，学会一门手艺也是谋生之道。阿住于 12 岁跟上伯父学剃头，3 年后满师，自置剃头担子，开始走乡串户的剃头匠生涯，以赚点小钱，帮补父母养家糊口。

黄家花园中楼

闽南沿海农村地少人多，山地贫瘠，生活艰辛，闽南人生性又敢闯，所以自古就有下南洋谋生的传统。阿住剃头游匠的日子，虽地位卑下，小钱赚不了几个，还动辄得咎，蒙受羞辱，但也因之接触不少人，长了见识，有了历练。也明白要彻底摆脱自家困境，下南洋是一条希望之路。1885 年，阿住怀抱梦想，怀揣父母变卖薄田所得的 36 个银元，带着剃头家伙来到新加坡。随后 4 年间，"剃头住"一直辗转于新加坡、马来西亚、印尼等地，一边靠剃头立足一边寻找转机。终有一天，一老华侨愿意支持他，给他 5 个盾做本，使阿住改挑货郎担走街串巷。阿住从小本生意做起，兢兢业业，靠着自己机灵诚信，勤勉耐劳，把生意由货郎做到摊主，再到开店开商行做老板，直做到跨国生意。到 1918 年，"剃头住"已成为跨商业、银行、保险、房地产、种植等多种行业的商界巨子，拥有资产 3750 万盾之多，成为东南亚举足轻重的糖王、富商与华侨领袖。

第一次世界大战结束后，印尼荷兰殖民政府对华商实施歧视性苛税政策，黄奕住要么屈从，要么得改变国籍。然黄奕住想"吾为中华民国的国民，安能忍辱受人苛禁，托人宇下，隶人国籍乎"；又"念吾侨民苦异国苛法久矣，若不思为父母之邦图富强，徒坐拥浮赀，非丈夫也"，遂决定搬资回国。而这时的中国，正是私人工商业发展年代，这时的鼓浪屿，好像是专为迎接这位巨富游子的归来，具备好所有可以安身立命的自然条件与社会条件，包括可供其大显身手的房地产业。1919 年 4 月 5 日，做好善后处理的黄奕住，登上回归故国之途，于当月底到达厦门，择鼓浪屿而定居。

据资料统计，黄奕住前前后后至少携回二三千万美元，他用这些钱在母国实施安家兴业的理想。从 1919 年至抗战爆发的近二十年间，他投资房地产，仅在鼓浪屿建房达 160 座，建筑面积达 4.15 万平方米，在厦门占首位；他创办银行，投资铁路，开采矿产；他投资城市现代化建设，修马路，拉电话，办自来水厂；他急公好义，乐善好施，捐款建设厦门地区的中小学、大学、医院，以及其家乡南安县的中小学，还捐助外省的暨南大学、岭南大学、复旦大学、震旦大学、北京大学、南开大学等，平日里的募捐赈灾更是不计其数。抗战爆发时，厦门即将沦陷，黄奕住无奈避往上海，1945 年怅然病逝，没有再回到他为之心念的鼓浪屿，终年 78 岁。

黄家花园是黄奕住为定居鼓浪屿而花费巨资打造的家园。园内共有三幢楼房，成品字形布局，前面左右对称两幢楼，时称"南北楼"，建于 1919 年，南北楼之间为中心花园，花园后方

黄家花园建筑屋顶局部

为"中楼"，即黄奕住所居之所，建于 1923 年，总建筑面积共约 4500 平方米。据传南北楼建筑耗资约八九万银元，而仅中楼建筑，就耗资达近 30 万银元，其建筑规模，所用材质之精贵可想而知，故时称"中国第一别墅"，而"中楼"就是它的形象代言。

中楼建筑依日光岩山坡坡势坐西朝东，地上 2 层，地下 1 层，砖石结构，建筑设计一说由印尼带进图纸，一说由英德工程师设计，由上海裕泰营造公司承建。主体平面近似正方形，四面带外廊。前檐带外廊，中间凸出，两侧退后呈锯齿状。沿中轴线后檐凸出部分为半圆弧形外廊。建筑正立面为：底层正中筑有双向步梯集中式台阶，通往地上一楼正入口处门廊。一楼外廊在二楼变为露台，这种结构与形式的变化，使二楼以上的功能房间及墙体，水平线上的厚重檐口及所有檐部装饰线，都袒露于天光之下，与一层外廊中的浓重阴影，以其浮在阴影之上的雪白廊柱，构成极富韵味的光影变化与对比。而在正中屋顶上设置的浅白色浮雕山花，使之映衬在其后及两旁的红瓦屋顶上，格外醒目高贵，不仅强调了正面入口，也强调了主体建筑的中心位置与尊贵地位。

该建筑的贵重感还在于它所采用的材质，所有扶壁、地板、门窗、家具等，均用台湾红楠木等上等木料制作；所有步阶、楼梯、平台、走道、廊面、栏柱、扶手等等凡涉及石料处，采用进口名贵大理石制作。工艺不求繁缛，但求精湛。再配上诸如金铜镂花壁炉，紫檀博古架，名贵钢琴油画等等室内软装饰，有种渗透到骨子里去的华美矜贵。不过，在阿住心里，也许最贵重的装饰莫如悬挂在所有房间中的明镜，因为上面统统雕有剃刀、须刷、掏耳筒等，铭刻着剃头住曾经的奋斗发迹史。

黄家花园，除了名楼，当然还有它的特别之处。为了与园中诸楼的名贵相匹配，黄奕住不惜工本，大量引进南北方各地的奇花异树，请花匠精心培育，遍植于占地 3000 多平方米的庭院中。

特别的建筑特别的植物，黄奕住别出机杼，不仅使黄家花园成为名符其实的花园，而且还是冠盖中国的别墅花园。

及园成，盛名在外。据说当时地方上的达官贵人，名流豪绅，无一不以能获邀至园中一坐为荣。而民国要人蔡廷锴、蒋介石等的先后莅临，更增其贵。1949年后，黄家花园成为厦门市国宾馆，中楼成为包括邓小平、邓颖超、王震、周扬、十大元帅、尼克松、李光耀等国内外元首政要，来厦时不无惬意的下榻之所。可以说这是鼓浪屿上与近现代史上的各国名流政要结缘最多最深的建筑。这就是一个闽南剃头匠以其建筑的方式，达到他所创造的人生奇迹。黄奕住的发家史，最能代表闽南人下南洋致富的奋斗史，"若要富，要学黄奕住"，他所表征的"爱拼才会赢"的生命精神，也借由这幢质地精良造型矜贵的建筑，实实在在地传递与后人。

林文庆别墅

鼓浪屿上有笔架山，顾名思义当是因山形似笔架而得名。在中国，山有其名者何其多，但有此建筑的倒也不多见。为了方便

从这里可以看到厦鼓两岸风光无限

151

居民往来，笔架山腹中辟有穿山洞，其洞口一端为三一堂所在，那里是贯通岛上四面八方之交通要津，人来人往好不热闹。顺着洞口旁的小径往山顶上去，一路上却是榕须拂地，老藤缠枝，虫鸣三两声，山花自烂漫，与山脚巷阙不过数丈之隔，已是尘嚣褪尽，全然另一重清幽天地，很适合传说中的高人隐士所居。果然，在榕荫愈密青苔愈浓处，有级级石阶陡然而上，一楼房如遗世孑立般处于崖顶上，闲看风卷云舒，只是原主人林文庆，却非等闲人。

林文庆，祖籍福建龙海，1869年出生于新加坡一殷实华侨家庭。少时读四书五经，长大后就读西学，中学毕业后赴英国留学，先后在爱丁堡大学、剑桥大学等著名学府都呆过，获医学博士。1893年回新加坡后挂牌行医，因医术精湛，精通多国语言并多种方言，深受病患欢迎。此外，林文庆还与人合开西药堂，合办学校、银行、报纸杂志等，引种巴西橡胶到南洋种植，被陈嘉

在正立面形成锯齿状后退也是鼓浪屿建筑的常见形态。图为林文庆别墅外观局部

庚誉为"南洋橡胶之父"。在政治上支持孙中山，先后做过孙中山机要秘书兼医官，南京临时政府卫生部总监、外交部顾问等。林文庆集社会活动家、医学家、教育家、实业家、金融家等多种身份于一身，是个名符其实的能人。1921年，厦门大学创校伊始，百事待兴，极需这样的能人来创业经营。林文庆深受校主陈

林文庆别墅庭前小景

嘉庚赏识与信任，遂力邀其任厦大校长。林文庆放弃新加坡功成名就所带来的一切优裕，来到当时不仅满目荒凉，且寂寂未有名的厦门大学，不仅可见二人交情深厚，更可见林文庆志趣非同寻常。在林文庆的打理下，厦大始现生机。那是厦大最辉煌的往史之一，众多海内外名流荟萃于此海一隅，共同谱写了一曲足可昭耀后世的开端。这座建筑物就是当年林文庆就任校长时与爱妻所居之所，现编门牌号笔山路5号。

该建筑依山而筑，地上局部1至3层不等，半地下1层，砖木结构。该建筑平面结构主要由两个矩形大体呈L型组合，坐落于花岗岩条石筑起的多级台基上，地势峻峭，三面都筑有狭长石阶通往建筑的多个入口。主入口位于纵向矩形的前端，由左右两

旁平顶长窗簇拥一平顶大门构成,壁立于高陡的台阶之上,效果十分鲜明。进入主入口后为过厅,从过厅进入位于后部的主楼,主楼横向正立面为鼓浪屿常见的连拱券柱廊,加上侧面各个方位上的窗廊与窗户,使整个建筑立面变化丰富。最为巧妙的是利用地势的高低错落,把前部过厅部分的屋顶变成主楼主房前的大露台,可兼具庭院、花园、会客、休闲等多种功能。尤其是在此观景,右可看日光岩上日出月移,左可观厦门港烟云浮华,当清风徐来,动画如幻。难怪林文庆当年宁受车船劳顿,也要坚持住在此地,朝出夕归,历十六载寒暑而自得其乐。

林文庆作为厦门大学初创时期的校长,全身心都扑在学校事业上,连同他的大部资产与收入所得。1937年,厦大改国立后林文庆辞任返回新加坡,于1957年病逝于彼,终年88岁,遗嘱将此楼赠予厦大,足见其耿耿深情,最终所系。

厚芳兰·瞰青别墅·西林别墅

在日光岩的北麓,地势高峻奇峭,羊肠小径,且曲且陡时隐时现,出没在每一块突兀而出的岩石下,每一片遮天蔽日的浓荫后。在如此崎岖的地形里,同样有许多洋房从山岩树丛中不可思议地冒将出来,参差错落,掩映其中。行走其间,但觉空山鸟鸣,市嚣远遁,好一个清幽所在。

厚芳兰,瞰青别墅,西林别墅,是此中最引人注目的建筑。它们同属一个主人,就是那位赌牌赢了菲华富商施光从的洋楼,并以自家堂号"黄荣远堂"的黄仲训。

黄仲训出手一博,谈笑间鼓浪屿上数一数二的豪宅就到了手,不能说不是一桩奇迹。

其实,这种财富的奇迹,在其父辈一代就已开始。

其父黄文华,原在越南经营米店,小本生意,虽无衣食之

日光岩下的西林别墅

虞，但似乎亦无巨富之望。未曾料黄家财运的转机竟意外来临：
黄文华银子虽然没有几个，为人却豪爽仗义。有一法裔朋友因经
营落败，无钱回国，黄文华得知后慷慨解囊，助其如愿。朋友感
激不已，遂临行前密授其一重大商机，令其买下河内一块叫"厚
芳兰"的荒地，说是日后铁路必经之地。果不其然，当铁路修过

瞰青别墅

时，黄文华坐地起价，一夕暴富，从此也改经营房地产业，财源滚滚而来，成为一方巨富。而留在中国，原本要走读而优则仕之路的黄仲训，于 1901 年遵父命离开厦门，赴越南协助其父做生意去了。

因此，当黄仲训父子看中鼓浪屿房地产业的商机而不甘置身潮外，携巨资归来，要在鼓浪屿上广种房产时，择一块风水宝地，先种"厚芳兰"馆也就不奇怪了。而把"厚芳兰"种在鼓浪屿中心高地的日光岩山麓，却是可使其一馆三得的：一得是可作为呼朋唤友社交商谈的观景楼，二得是可作为饮水思源缅怀父辈的纪念馆，三得是可作为善果因缘好运连绵的风水碑，就让那传奇般的好财运，从越南的厚芳兰，一直跟着黄氏父子归来鼓浪屿，继续罩着黄家吧。厚芳兰馆，对黄家进军鼓浪屿，开发鼓浪屿，自然具有标志性意义。

与此同时，1918 年，黄仲训在厚芳兰馆的右侧，建起要作为居家住宅的瞰青别墅。它正位于日光岩下，永春路道旁，现编门牌号永春路 71 号。

该建筑依岩而起，偏东西向，地上 2 层，砖木结构，建筑面积 459 平方米，整体筑在一个用条石垒砌而起的可作为防潮层的基台上。建筑平面主体呈矩形，前部带有外廊。正立面可分为三开间，左右开间处同一平面上，正中向外凸起一个五边形门廊，正面柱间跨度大，余四边左右对称柱间跨度小，一层的外出入口开在门廊两侧边，保持了门廊正面的完整性，很好地强调了主入口。柱间下部全以棱形透空栏杆做护栏，上部以平顶额枋相连。二楼廊柱下部以斜十字形透空栏杆做护栏，上部则采用具有伊斯兰建筑风味的券拱相连。特别是柱和拱都据所处部分不同而采用不同花式，柱式有方柱、棱形方柱、圆柱、棱形圆柱等；拱券有半圆形、葱头形、花尖形等，在不大的立面上，创造出一个荟萃了古罗马与伊斯兰建筑元素的宫殿式门面。而宽廊券拱的结合，

瞰青别墅局部

使法兰西气息扑面而来，这大约与黄仲训从法属殖民地越南带回的法式建筑趣味有关吧。

在建筑色彩上，檐前柱廊部分采用大面积浅灰，间隔点缀雪白水刷石饰面。主体外墙一楼勒脚用花岗岩条石砌筑，勒脚之上混水白灰墙，二楼上则一色清水红砖。屋顶为四坡顶、水曲形、马鞍脊与六角攒尖顶组合的灰瓦屋面。上下前后，中心突出的色彩混搭，造成丰富的空间层次视觉。

黄仲训在鼓浪屿上的房地产业应该发展得不错，时隔十年的1928年，他于瞰青别墅左前方，日光岩西北侧，又建成一幢比瞰青别墅体量要大得多的洋房，名之西林别墅，现编门牌永春路73号。

该建筑依山势坐南朝北，地上3层，地下1层，砖石结构，建筑面积1360平方米，整体立在依山而筑的可兼做地下防潮层的基台上。建筑主体平面呈矩形，前后部四个转角处凸出为角楼式，东、西、北三面带有外廊，正面外廊三楼中部加设外凸半圆形阳廊，背面一楼中部凸出为多边形门廊，二、三楼中部加设窄小外廊。整个平面沿中轴线左右对称工整，进入主入口后迎面是通往二楼的楼梯，穿过楼梯过厅，到达位于后半部的大客厅。功能房间对称式安排在主轴两侧。外立面勒脚下为花岗岩条石砌筑，勒脚上为清水红砖白灰勾缝。屋顶为四坡顶与平顶的组合，正中突起为四坡顶，四周平顶，沿平顶四围砌竖条形透空栏杆女儿墙。

　　檐前正立面是装饰重点。立面可分为五开间，中央凸出为半圆形门廊，跨度最大，二根分布于此的科林斯圆形巨柱，带着笔直的竖线凹槽，通高直达三层檐下，撑起三层中央对应半圆形门廊而凸出的半圆形阳台。屋顶檐口上的处理，尤为别出心裁：混凝土做成的挑檐与红砖砌就的檐壁之间，是一个十分抢眼的三角曲线挑梁，它们组合成一种厚重沉实又色彩鲜艳的檐口装饰，它们带着在自然光下所形成的各种富有变化的明暗光影，与位于其下的阳台和位于其上的女儿墙的素色透空栏杆，构成一种虚实疏密之间的对比。再者，一楼正面地上的圆弧形多级台阶，二、三楼洁白的外廊栏杆，厚重浓艳的檐口和女儿墙等所形成的重叠水平线条，与大大小小长长短短的廊柱，双侧角楼上粗壮的阳角柱所

现为郑成功纪念馆的西林别墅

西林别墅正立面局部

形成的垂直线条，共同划分并勾勒出立面轮廓的层次感、空间感与艺术感。

应该说，矩形平面与圆弧立体在空间里的运用，是该建筑设计最富特色的地方。它们完美的契合，使得上下前后柱子之间，内廊外廊之间，凹部与凸部立体交错，弧线与平面立体交错，使得整个立面显示出奇特的具有三维空间感的立体透视效果，不仅强调了整个建筑的中心所在，也使整个建筑产生出一种方正平稳又大气磅礴的气度。而在各个细节上的考究，却使建筑在端庄稳重中不失华美精致。

厚芳兰馆、瞰青别墅与西林别墅因其地理所在，几乎与日光岩融为一体。楼房前后坡地上下到处石景天然。秀才出身的黄仲训，雅好文字，如今经营得意，又兼拥有这中意家园，便时常在此寻幽探古，挥墨山岩，在日光岩上不仅留有"鹭江龙窟"、"九夏生寒"诸如此类的应景文字，还留下"郑延平水操台旧址"等题刻。这一闹腾，便渐传出他有侵占鼓浪屿公共资源之嫌。然这一次，厚芳兰的好运没能让他顺意，地方上的士绅平民，都出头反对，俨然酿成一个社会性运动，其影响都进入当时在厦门大学任教的鲁迅的书信中。鲁迅说有人也请他写文章发表批评，但他不了解情况，所以没有写，可见波及之广。后因此事打起官司，不成，又请人协商，其中曲折，复杂莫名，拖了好多年。总之，后来的结果是，黄仲训没能把日光岩当成自家后花园，日光岩却把这三处建筑变成了它特有的人文景观。今天的它们专门为国姓爷郑成功服务：正大堂皇的西林别墅成为郑成功纪念馆，瞰青别墅与厚芳兰馆成为其属下资料藏书室。1962年，郭沫若因创作《郑成功》在此住过，这大约也是当年黄仲训与国姓爷遗迹之间所结下的善缘因果吧，黄仲训九泉有知，应亦会以此自鸣的。

抗日战争爆发后，黄仲训只好忍痛抛下偌大产业返回越南，从此就再也没有回过厦门。越南沦陷后，由于不愿与日本人合作，1942年，黄仲训遭日军关押，虽受尽折磨，却始终未曾妥协，显示出中国人应有的气节。日本投降后，黄仲训出狱，但身心俱损，终于1951年病逝于越南。当年他铭刻在要作为家园的瞰青园里的对联"出没波涛三万里，笑谈今古几千年"，是他不同寻常的人生缩影，可以作为他遗在故园的墓志铭。

黄仲训的"黄荣远堂"虽然很有名，但那毕竟不是他自己公司所营建的，他在鼓浪屿上前前后后盖了五六十幢洋楼，厚芳兰馆、瞰青别墅与西林别墅，才是他真正想用以家居的所在，也是其用心建筑所在。因此，哪怕他如传说中的一天也没有住过这些楼房，但却依然能把他不无春风得意的建筑人生，铭记在鼓浪屿风云际会的建筑年代中。

八卦楼

无论从平地还是从空中看鼓浪屿，首先扑入眼帘的是一白一红两个地标式景观，白为日光岩，红为八卦楼，前者为鬼斧神工之奇迹，后者为匠心独运之杰作，二者共同组成了鼓浪屿最具标志性的景观符号。

八卦楼坐落于笔架山东北麓的一块台地上，隔鹭江与厦门本岛遥相互望，四围坡地低伏，绿丛葳蕤，现编门牌鼓新路43号，

八卦楼远眺

原主人林鹤寿。

林鹤寿为台湾板桥林本源家族三房林维德之次子，即菽庄花园园主林尔嘉的堂兄弟，他长期受家主林维源之遣，管理台湾家业。据传林鹤寿生性洒脱，无意功名，却颇有经商才能，他管理的台湾林本源制糖会社与钱庄，在厦门、香港、上海、神户都设有分号。因其经营得法，生财有道，又受祖荫，故实力非同小可。20世纪初，正是鼓浪屿房产建筑业方兴未艾之时，林鹤寿财大气粗，又兼生性放达，眼看洋人洋资洋房遍地，他不想置身潮外，不仅要插足其间，而且还发愿要盖一幢全岛最大最高的建筑，一览厦鼓，一傲群洋。于是，他不惜重金买下这块约一万多平方米的基地，以实现如此宏愿。

林鹤寿曾捐助鼓浪屿救世医院，由此结识该院院长郁约翰（John Abraham Otte）。郁约翰，美国籍，1861年生于荷兰。其年轻时因兴趣学过土木工程，后入美国与荷兰等知名学府学医，获医学博士。1888年随美国归正教会牧师来厦门，1898年成为教会所办的"鼓浪屿救世医院"院长。郁约翰不仅是个医术高明的外科大夫，建筑设计亦是他拿手好戏，他为鼓浪屿起码设计了两件传世之作，按今天的话来说，是地道的复合型人才。郁约翰为回报林鹤寿，自告奋勇为其设计。当时，美国建筑界新古典主义流行，古典复兴建筑盛行，典型如美国国会大厦。郁约翰明显受其影响，他采取拿来主义进行典型"折中"，在他的设计中，直接撷取了诸多西方古典建筑的显要元素，如古希腊神庙的柱廊结构、古罗马的塔斯干柱式、耶路撒冷阿克萨清真寺的八角形平台基座、佛罗伦萨大教堂的八角形鼓形圆顶等等。其实新古典主义风格的作品，比较适合作为公共建筑与纪念性建筑，并不适合作为民居，但也正因为它的庄严大气，正合林鹤寿建筑的初衷，故立马获其通过，付诸施工。但林鹤寿未曾料及的是，由于建筑体量庞大，建筑材料考究，又精工细作，故耗资如无底洞，虽历长

八卦楼近观

达13年的建造，至1920年时几将他的万万贯资产吞噬殆尽后还未能封顶。林鹤寿无以为继，只好撩下此楼，功亏一篑，远避他乡。后传说他曾在上海经商，意欲东山再起，却无力回天，最终竟不知所终。

1924年，日本人将此楼覆顶后侵用。1954年，福建省政府出资对其进行修缮。1986年，厦门市政府再次对其进行全面维修后，此楼内外基本定形为今日模样。

该建筑坐东北朝西南，东南面与厦门隔鹭江而相望。地上4层，半地下1层，建筑面积3710平方米，房屋高度25.7米，砖混结构。主体平面呈矩形，综合了四角角楼、四面外廊、正面入口处弧形门廊与大阳台式，沿十字中轴线严格对称造型，整体建在用花岗岩砌筑的地下层基座上。在内部空间设计上，最大特点是附有十字通道构成的约10米直径的轴心式大厅，它向上产生通高至穹顶的环状天井，以及环绕着天井而产生的四层透空回廊。在立面设计上，与其内部十字通道布局相对应，在四面外墙上都设有入口。正面入口处以双向集中式台阶进入半圆形门廊中。门廊六柱五开间，中轴对称，每根柱柱高 10 米，直径 90 厘米，二层通高，在左右两旁以分层叠柱式与双柱列柱式处理的廊柱陪衬下，显得格外雄伟壮观，更强调了正入口处的非凡气势。其余三面则都采用直入式分层台阶进入，外廊短边一面为六柱五开间，长边一面为十柱九开间，皆采用上下分层叠柱式与单柱柱列式，以示与正立面的区分。至此，用在一、二楼立面上的大大小小共 78 根圆柱，加上分列于建筑物中间与四角角楼的通高阳角柱，一共 92 根圆柱，把四平八稳的主体建筑支撑得极为雄壮恢宏。

当然，主体建筑之所以能显示出纯粹的阳刚之美，与其所采用的古罗马塔斯干柱式分不开。塔斯干柱式（Tuscanorder）是罗马人在继承希腊古典三大柱式中的陶立克柱式后，根据新的审美需求与技术条件，加以改造与发展而来的。它最主要的变化有两点，一是增加了柱础，一般为一个圆盘叠在一块方板上构成，由此提升了柱体，增加了高耸感；二是柱身没有了垂直凹槽，使柱体光洁，增添了雄健感，而二者的结合使柱体在整体效果上更具神圣感。经典运用范例是建于 1502 年的罗马圣彼得修道院里的小圣堂柱廊，与建成于 1671 年的罗马圣彼得教堂的广场柱廊，二者表征着罗马塔干斯柱式的鼎盛时期。而此柱式在八卦楼上的运用，使其成为鼓浪屿建筑中的典范。

该建筑在三楼上对两短边局部处理为坡面屋顶，两长边局部处理为阳台，它们共同簇拥起中间一个八边形大平台。在平台中央，与内部直径 10 米的天井对应，又筑起一个八边形塔楼，八面塔身上开有每面 2 个共 16 个拱形门窗，使原本厚实沉重的塔身，变得轻盈而富有透视感。与此八边形塔身相对应，在塔楼上又拱起一个直径 10 米、带有八道棱线的西式鼓状攒尖形的洋红色大圆顶。从最后的效果来看，整个建筑物在平面上进行集中式

中央穹隆与世界最大管风琴

的层层缩进后，在其拱起的中心制高点上终于完成了高潮迭起最
为华彩的一笔，它耸立于天穹之下，碧波之上，成为绿岛鼓浪屿
上最为醒目的建筑符号，成为鼓浪屿天际线中人工描绘的最为壮
观的景色。鼓浪屿上一直有以建筑形式定名的传统，如时钟楼、
金瓜楼、八角楼、棺材楼（观彩楼）、船屋等。此建筑物因拥有八

边形平台与八边形圆顶，状若中国易经中的八卦图形而得名，从而名扬四海。

也许真的是树大招风，八卦楼自建造起，迄今百年，楼运多舛，用途多变。它曾做书院、难民所、校舍、工厂、机关单位等，几易其主，屡遭损毁。上世纪80年代修缮后，一度成为厦门市博物馆，现则成为据说是世界唯一的风琴博物馆，这次用途，应该说才真正符合了八卦楼的建筑风格与定位。当一架产自1872年的巨型管风琴，被安放在八卦楼的中央穹隆之下，在来自穹顶披泄而下的天光辉映中成为镇馆之宝时，二者真乃各适其所，堪为绝配，仿佛相候百年，只为此刻相逢。至此，八卦楼与钢琴博物馆一道，成为表征鼓浪屿成为音乐之岛的稀世双璧。

八卦楼以其恢弘的气象、精美的建构，当之无愧地成为鼓浪屿近现代建筑的代表作。从前，林鹤寿发愿要建一座可以傲视厦鼓全景的建筑，现在，它让所有来到厦鼓两岸的人最先看到它。今天，林鹤寿虽仍不知所终，但却足可凭借此愿的实现而流名恒久。

如果说鼓浪屿是厦门的胎记，那么八卦楼就是鼓浪屿的胎记。

絮语：以建筑的形式抵达

林丹娅 著

充满劳绩，但人诗意地
居住在此大地上。

荷尔多林的诗歌，因
为大名鼎鼎的哲人海德格
尔的反复吟诵，成为圣诗
般美妙而充满寓意的诗句，
也成为人们常常唱和的诗
句。但在此后，还应该听
听海德格尔的阐述："诗意
创造真正使我们居住。但
我们通过什么达到居住之
地呢？通过建筑。诗意的
创造，它让我们居住，它
是一种建筑。"这是不是也
可以说，如果人们能够居
住在建筑里，人们也就获
得了诗意。由此看起来，

自然与建筑

建筑是非诗意不可的。诗意是建筑的质地。要不，海德格尔为什么还说"建筑是真正的居住"。当然，海老说的建筑含义有可能是完全形而上的，不过，倘若没有形而下存在的建筑，他又如何妙思生花般找到通向形而上的表达途径呢。况且，形而下的建筑难道不正表现的是形而上的"建筑"语言吗？

无花果服装是人类为身体建筑的第一重庇护所

由此可见，建筑首先是与人的居住之需有关的。人类的祖先到底是从什么时候开始建筑居住之所的呢？至少在山顶洞人时代，人类还住在山洞里。山洞提供给人类最初的庇护所，这是上帝在创造天地万物时顺便给予人类的。圣经里说，上帝把人类的始祖亚当与夏娃放在伊甸园里，那里风和日丽，四季长春，但没有提到任何建筑物。在他们还没被蛇引诱吃下那树上的果子前，他们赤身露体，不知羞耻，所以，即使有洞，他们也不懂使用。等他们吃了聪明果，懂得好坏时，他们马上拿无花果树的叶子，为自己做了第一套服装。所以，可以说服装是人类身体的第一重庇护所，是让人类身体居住的第一重建筑物。接下去，他们也许会在园里到处寻找洞穴。如果找不到的话，他们只会更加速地走向建筑。倘若不是上帝发现了亚当夫妇身体上多了人工制造的遮蔽物，而把他们赶出伊甸园的话，他们完全有可能把无花果服装的灵感变成建筑。

这个建筑的灵感后来似乎被亚当的儿子该隐传承了。该隐因为杀了自家兄弟亚伯而被上帝惩罚在大地上流浪。可以想见这样流离颠沛的生活有多么苦难与不安，于是他在生了儿子以诺后，发誓要为儿子建造以诺城。至于这座城被建成什么样子，《圣经》里没有说。

差不多也就在这个时候吧，在东方的中国，天帝的子孙中有一个叫廪君的，眼看人们把穴居日子过得愈发不耐烦：资源匮乏，肝火上升，脾性暴躁，为丁点大的事，动辄纷争，械斗四起，遂决意带领族人离开黑暗的洞穴，去寻找新生地。当命运把流浪的他们千辛万苦带到一个类似大洞穴的地方时，廪君简直绝望了：我们就是从洞里出来的，难道现在又要我们住进洞里去？天帝感应廪君的叹息，忽然给他崩裂出一块旷野来，于是，他们就在那里建筑了出洞以后第一座可供人类居住的房子。人类这样的迁徙史，在诗经里是这样传唱的："古公亶父，陶复陶穴，未有家室"，意思是说先祖爷亶父，老是在挖洞，忙得不亦乐乎，因为没有住房。住房就是家室啊，可见住房对人生的要义。"古公亶父，来朝走马，率西水浒，至于岐下。爰及姜女，聿来胥宇。"后来先祖爷牧马，沿着水边一直朝西走，一走走到岐山下，一爱爱上姜姓女，就这样成了家。有了家，就得有室了吧，怎么说也不好再像单身汉那般挖洞凑合，于是，"周原膴膴，堇荼如饴，爰始爰谋，爰契我龟"。看岐周平原这个地方，土地是如此肥沃，百草是如此甘甜，求神占卦的结果也是说这是最适宜人居的地方，于是，我们先祖爷就"曰止曰时，筑室于兹"，在这里建筑房屋定居了。（《大雅·绵》）曰止曰时，筑室于兹，这是一个要多么伟大就有多么伟大的时刻，人类历经千辛万苦，流转千年万里，从此才脱离穴居人的境遇，从游牧进入农耕，以建筑的形式标志自己进入自己所创造的人类社会文明史中。至于那家室被建筑成什么样子，诗经中亦语焉不详。

人类居所的建筑样式，大概是到挪亚要建造他那举世闻名的方舟时才具体起来的吧。那是上帝亲自口授给挪亚的：要用歌斐木一间一间地造，里外要抹上松香；要分上、中、下三层，长三百肘，宽

神亲自向人类口授了挪亚方舟的建筑式样（房龙《漫话圣经》）

五十肘，高三十肘，上边要留透光处，门要开在旁边。挪亚方舟在那场上帝发起的意在灭绝人类丑恶的大洪水中，不仅是人类，也是地球所有生灵的逃生与再生之所。是人类漂流在水中的建筑与居所。因为有了它，人类的漂流就不像漂流了。因为有了建筑，漂流在历史长河中的人类也不像漂流了。能跟着建筑的家室走，到处是天堂。

当人类拥有了建筑生活居所后，便开始要为信念建造居所了。挪亚的子孙们在示拿这个地方，把砖烧透了当石头，又拿石漆当灰泥，他们要建造一座城与一座塔，城当然是为民生而建筑的，所以城里民居的建筑样式应该会是

英国 SALISBURY 大教堂塔尖据说为全英最高

方舟的模样吧，分一间一间的，分上中下层次的，有窗户有门的。而塔该建成什么样子呢，虽然没有具体的描述，但用来做什么的目的却非常清晰："为要传扬我们的名，免得我们分散在地上。"因此，一个非常清晰的设计理念也就出来了，那就是要"塔顶通天"。也许也是到了这个时候，真正意义上的建筑物出现了：形而下的砖头与石漆，构造了一个表达形而上意念的建筑。它要表达一种信仰的精神，要起着凝聚的功能与作用。其实当人们今天走在欧洲大陆上，从遍布城乡触目皆是的那不管规模大小，却一律要挺拔着身躯，极力要在头顶上伸出无比尖耸的触角直插去

美国曼哈顿的克莱斯勒大厦

毗邻华尔街的三一教堂

泉州仿明式皇宫建筑群（《泉州十八景》）

天空的建筑形态中，已能感受到在那里面，凡人想通过什么样的途径到达天空，与宇宙做某种联系与沟通的欲望与努力。

欧风所致，在新大陆的美国也能找到它们无处不在的影子，如位于曼哈顿华尔街街口的哥特复兴式三一教堂。这种代表着向上通天理念的建筑，在后来发展的现代化曼哈顿商业建筑中不仅没有消失，反而更有发扬光大的样子。如三十年代初落成的克莱斯勒大厦，几乎就是一座哥特式商业教堂。看了这样的建筑，感觉宗教精神与商业精神还真有很一致的地方，不知到底是宗教商业化了，还是商业宗教化了。总之看上去不仅很神圣，且也很令人激奋不已；不仅财气冲天，而且也雅美无比。

这种寄理念予建筑的建筑，在古老的东方中国，应该更是具备的吧。诗经里的《雅·巧言》就唱曰："奕奕寝庙，君子作之；秩秩大猷，圣人莫之。"意思是宗

君子所作的就该是如故宫这样四平方正的建筑吧（《故宫》）

建筑要使人们诗意地居住

庙宽大堂皇，君子所创；大政方针正确，圣人所定。这就是中国人老祖宗的建筑理念了，求的是如何安邦治国，做圣人君子，建筑国格化，也人格化。回过头来看我们最熟悉的故宫，就明白为什么故宫会被盖成这么一个方方正正，中规中矩，四平八稳的样子。

皇宫当然是达官贵人乃至布衣百姓，在盖房时都想效仿的对象，哪怕是要冒天下之大不韪呢，也要千方百计打个擦边球以过把皇宫第二的瘾。这可是最想光宗耀祖的中国人最大的炫耀。大的如万世经师孔圣人的曲阜府第，那是奉了圣旨，过了明路的，可以公然抄袭皇宫的建筑样式。小的如名不见经传的泉州民居，据说是当年不知托了明代泉州籍的哪一位皇后的福，把皇上赐给她故里"府上"的房子可改建皇宫式的口谕，篡改为"皇上赐我府建皇宫式的房屋"。于是，皇恩不得不浩荡，让泉州府所有有钱盖房子的人，都可以乘机把自己的家室盖成皇宫的模样。这种关于梦想成真的建筑传奇，大同小异，常常可以在中国东西南北的大街小巷里听到，乃至看到。

可见写《欧洲建筑概论》的尼古拉斯·佩夫斯纳明察秋毫，他说："一个自行车棚是一座房屋，而林肯纪念堂是一座建筑物。"这意思显然是说能被叫作建筑物的东西，必须是除了它天生的遮蔽功能外，还应该有别的什么后天元素。这里面，美学元素是一定的，文化元素当然不能少，哲学的呢，更是必然。它们以某种方式联系在一起，创造出一种寓意深远、妙不可言的东西。建筑到了这份上，那可真就是人类文化的积淀物与人类文化的代言人。

想象一下，人类在创造文字之前，建筑就应该存在了。它甚至会先于文字而成为人类另一种固体语言，一种显在的文字。建筑总是在述说着建筑者的哲学思想，文化理想，美学梦想。人类发展到哪里，建筑就生长在哪里，建筑语言就表现到哪里，建筑文字就刻画在哪里。可悲的是，建筑总是毁于人类文明的发展进程中，总是在人类消失的地方蚀成废墟。好在建筑总是比人类的第一重遮蔽物服饰更长久。当服饰灰飞烟灭时，建筑的语言文字还顽强地显示在它的残骸与骨殖中，无论它是被深埋在厚土之下，还是沉沦于深水之中。古希腊、古玛雅文化，不就是凭借它们的建筑，从遥远深沉的地方浮出历史地平线，这是时光无法磨灭的另一种语言。

　　故，充满劳绩，但人诗意地居住在此大地上。
　　故，充满诗意，我们可以鼓浪屿建筑的形式抵达。

主要参考文献

1. 鼓浪屿文史资料1－8辑，中国人民政治协商会议厦门市鼓浪屿区委员会编。

2. 鼓浪屿建筑，龚洁著，鹭江出版社2006年版。

3. 鼓浪屿建筑艺术，吴瑞炳、林荫新等主编，天津大学出版社1997年版。

4. 建筑的故事，[英]派屈克·纳特金斯（Patick Nuttgens）著，杨惠君等译，上海科学技术出版社2001年版。

5. 西方建筑史，[英]大卫·沃特金（David Watkin）著，傅景川等译，吉林人民出版社2004年版。

6. 中国大百科全书（建筑、园林、城市规划），中国大百科全书出版社1992年版。

后记

林丹娅 著

　　很多年前，我还是个在厦门大学读书的学生，最惬意的时光，莫过于到鼓浪屿泡老房子，就喜欢那种穿没在不知什么地方的感觉。你永远无法预测，什么时候，会有一角楼宇，从遮天蔽日的深林里，绰约闪现，充满蛊惑；会有一截断栏残雕，斜插在荒草没膝的庭院里，惊艳且诡异莫名。海风吹得半拉子百叶窗，吱吱哑哑的；头顶上的楼板，好像有什么在轻轻走来走去，巧笑倩语。残阳如血，残月如钩，斜斜穿过枯藤垂柱的拱券长廊，最终落在屋角幽幽泛光的檀木扶手上，说不出的苍凉凄美，酸楚无限。也不知心痛哪一世，也不知今夕何夕，就那样游移、穿梭，沉浮于原本无法想象的另一重悠长、悠远的时空——或者还有老故事中。

　　很多年后的今天，最惬意的时光，依然莫过于到鼓浪屿泡老房子。慢慢徜徉其中，静静地席阶而坐，哪怕只能隔着丛林、高墙，心里头也只有感恩，因为庆幸。庆幸有这样一个地方，庆幸我会在这里。

　　痴迷的留恋，一定源自于深切的向往。面对建筑，常常会懊恼，直如嫁错了郎入错了行。

　　上帝知道我的心。也根本无法预测地，会有这样一个机会凭空降临，让我来拍摄，让我来书写这么让我沉醉的建筑，还是鼓浪屿的。

衷心感谢挚友舒婷，她一直住在鼓浪屿上。不知多少次，悄然走过她所在的中华路小巷口，回首怅望，喜欢到有点恍惚。她的提议，让我斗胆以这种欢喜的方式，在鼓浪屿建筑中过把瘾。

在为本书写作查阅众多资料的过程中，心里特别感念做出这些研究成果的前辈们，他们有些就是厦门本地社科界的达人名士。本书顾问龚洁先生，不仅是他所著的鼓浪屿建筑，对我有重要的启示与参考，更还有在写作过程中，对我的悉心指正与热情支持；总顾问黄猷先生，于百忙中高度负责地二审此稿，详细的批注与订正，令我感佩不已。专家们的帮助，使拙作直接避免了许多错讹与硬伤，在此特表衷心感谢！并致同样爱着鼓浪屿的给我许多帮助的亲朋好友们。

写建筑，当然要客观。所以，小心翼翼，谨严求证，文中所涉部分表述力求理性，这是研究方式，也是态度。当其间穿梭有意绪激荡不禁溢美时，那不用说，肯定是我的主观偏好，随心所致。

是为记。

丹娅记于厦大海滨
一米斋·2010 年 8 月

图书在版编目(CIP)数据

鼓浪屿建筑/林丹娅著. —厦门:厦门大学出版社,2010.12
(厦门社科丛书·鼓浪屿历史文化系列)
ISBN 978-7-5615-3362-8

Ⅰ.①鼓…　Ⅱ.①林…　Ⅲ.①建筑艺术-厦门市　Ⅳ.①TU-862

中国版本图书馆 CIP 数据核字(2010)第 239329 号

厦门大学出版社出版发行
(地址:厦门市软件园二期望海路 39 号　邮编:361008)
http://www.xmupress.com
xmup @ public. xm. fj. cn
厦门集大印刷厂印刷
(地址:厦门市集美石鼓路 9 号　邮编:361021)
2010 年 12 月第 1 版　2010 年 12 月第 1 次印刷
开本:889×1194　1/32　印张:6.125　插页:2
字数:183 千字
定价:180.00 元(全套 10 册)
本书如有印装质量问题请直接寄承印厂调换